Lohnt sich ein Buch über KI überhaupt?

Peter Rauert Peters M.A.

WIDMUNG

Dieses Buch widme ich meinen wunderbaren vier Kindern, die mein Leben auf unzählige Arten bereichert haben. Meine größte Hoffnung ist, dass sie in einer Welt aufwachsen dürfen, die ihnen genauso viele Chancen bietet, wie ich sie erleben durfte – eine Welt voller Möglichkeiten, Entdeckungen und wunderbarer Erinnerungen. Möge ihre Zukunft von Neugierde, Mut und Freude geprägt sein. Ich hoffe, dass sie die Schönheit der Welt sehen und die Herausforderungen, die ihnen begegnen, mit Leichtigkeit und Weisheit meistern.

Ich wünsche mir, dass die Liebe zum Lernen, die Faszination für Technologie und das Streben nach Harmonie sie stets begleiten und ihnen helfen, in einer sich stetig wandelnden Welt ihren eigenen Weg zu finden. Und wenn sie je innehalten, mögen sie wissen, dass sie stets die Kraft haben, die Welt ein wenig besser zu machen – für sich selbst und für andere.

Möge ihre Lebenszeit ebenso erfüllt und schön sein, wie die, die ich mit ihnen erleben durfte.

Inhalt

„Die wahre Revolution der künstlichen Intelligenz liegt nicht darin, Maschinen menschlicher zu machen, sondern den Menschen zu ermutigen, über die Grenzen seiner eigenen Existenz hinauszuwachsen."

Peter Rauert Peters M.A.

Vorwort von Dr. Michael Stoermer

In meiner jahrzehntelangen Tätigkeit als Führungskraft in mittelständischen Unternehmen habe ich zahlreiche Veränderungen miterlebt, doch kaum etwas hat die Unternehmenslandschaft so tiefgreifend geprägt wie die Einführung von Künstlicher Intelligenz. Was früher als technologische Spielerei abgetan wurde, hat sich inzwischen zu einem unverzichtbaren Bestandteil moderner Unternehmensführung entwickelt.

Als Coach sehe ich täglich, wie KI in den Führungsetagen Einzug hält und tiefgreifende Veränderungen ermöglicht. Besonders im Mittelstand, wo Flexibilität und Effizienz oft über Erfolg oder Misserfolg entscheiden, bietet KI immense Potenziale. Ein Beispiel, das mir besonders eindrucksvoll im Gedächtnis geblieben ist, betrifft einen langjährigen Kunden aus der Produktionsbranche. Hier wurde KI eingesetzt, um die Wartungszyklen von Maschinen zu optimieren. Anstatt wie früher auf geplante Stillstände und Routinechecks zu setzen, analysiert die KI in Echtzeit Maschinenparameter, erkennt Anomalien und schlägt präventive Wartungsmaßnahmen vor, bevor größere Schäden entstehen. Das Resultat? Eine drastische Reduzierung der Ausfallzeiten und eine spürbare Erhöhung der Produktionskapazität – mit einem klaren Wettbewerbsvorteil.

Diese Effizienzgewinne sind jedoch nur die Spitze des Eisbergs. KI ermöglicht es Führungskräften, strategische Entscheidungen auf der Basis präziser Datenanalysen zu treffen, die weit über menschliche Kapazitäten hinausgehen. Besonders im Mittelstand, wo Zeit und Ressourcen oft knapp bemessen sind, bietet KI die Chance, Prozesse zu automatisieren, Märkte schneller zu durchdringen und neue Geschäftsfelder zu erschließen.

Aber bei aller Begeisterung für die Technologie bleibt eine Kernaufgabe: Führungskräfte müssen verstehen, dass KI keine Wunderwaffe ist, die ohne menschliche Weisheit auskommt. Sie bietet uns großartige Werkzeuge, doch es sind die Menschen, die sie richtig einsetzen und die ethischen Herausforderungen, die damit einhergehen, verantwortungsvoll bewältigen müssen. Die Entscheidung, wie KI eingesetzt wird, liegt in unseren Händen – und das bringt große Verantwortung mit sich.

Rauert Peters beleuchtet in diesem Buch nicht nur die technischen Aspekte von KI, sondern gibt auch tiefe Einblicke in die Managementherausforderungen, die diese Technologie mit sich bringt. Es ist ein wertvolles Werk für alle Führungskräfte, die in einer immer dynamischeren und digitalisierten Welt erfolgreich sein wollen.

1. Lohnt es sich überhaupt, dieses Buch zu schreiben?

Stellen Sie sich vor, Sie befinden sich in einem Raum voller Menschen, die über die Zukunft sprechen, über das, was sein könnte, aber auch darüber, was bereits Realität ist. Künstliche Intelligenz ist kein Konzept mehr, das sich irgendwo in den Labors von Universitäten oder in den Büros der Tech-Giganten abspielt. Sie hat uns erreicht, und sie verändert nicht nur, wie wir arbeiten, sondern wie wir denken, wie wir leben. Und genau hier stellen sich viele die Frage: Lohnt es sich überhaupt, über etwas zu schreiben, das sich schneller verändert, als wir darüber reflektieren können?

Ich habe mich oft gefragt, ob der Versuch, das rasante Wachstum und die Entwicklung von KI in Worte zu fassen, nicht schon veraltet ist, noch bevor der Satz zu Ende ist. Aber genau das ist der Punkt. Die Frage, ob es sich lohnt, zu schreiben, ist gleichzeitig die Frage, ob es sich lohnt, zu verstehen. Und wenn ich eines in den vergangenen Jahrzehnten gelernt habe, dann ist es das: Sich dem Wandel zu verschließen, bedeutet, ihn zu verpassen. Aber ich möchte Ihnen ein wenig weiter ausholen und aus meiner eigenen Erfahrung berichten.

Rückblick: Chaos Computer Club und die Anfänge der Hackerbewegung

Ende der 1980er Jahre, als ich begann, meine ersten PCs zusammenzubauen, erlebte ich eine Phase, in der die Technologie sich noch in ihren Kinderschuhen befand – zumindest im Vergleich zu heute. Ich war fasziniert von der Idee, wie Maschinen miteinander kommunizieren konnten, wie sie Aufgaben erledigten, die zuvor Menschen vorbehalten waren. Es war die Zeit des Chaos Computer Clubs, und ich befand mich mittendrin. Der CCC, bekannt für seinen rebellischen Geist und seine technologische Expertise, war ein Ort, an dem man Technologien nicht einfach nur konsumierte – man verstand sie, man hackte sie, man gestaltete sie neu.

Damals waren die meisten von uns nicht an kommerziellen Interessen orientiert. Wir wollten wissen, was möglich ist. Was kann man mit Technologie wirklich machen, wenn man die etablierten Grenzen überschreitet? Die Diskussionen drehten sich um Freiheit, Kontrolle und, ja, auch um ethische Fragen. Das war vielleicht der Beginn einer Revolution im Denken. Computer waren nicht nur Werkzeuge, sie waren der Zugang zu neuen Welten. Aber auch damals, als ich noch DIP-Schalter steckte und Soundkarten manuell konfigurierte, war es schwer vorstellbar, wie rasant diese Technologie sich entwickeln würde.

Ein erster Berührungspunkt mit der Dynamik von Wandel: Mein Job in den 90ern

Anfang der 1990er Jahre trat ich meinen ersten Job bei einem Softwareentwickler an. Damals entwickelten wir Tools für Rohstoffhändler in C++. Diese Software ermöglichte es den Händlern, mit komplexen Datenmengen zu arbeiten, Risiken zu analysieren und Entscheidungen in Sekundenbruchteilen zu treffen. Heute klingt das vielleicht trivial, aber damals war das revolutionär. Ich erinnere mich an die Begeisterung, die wir spürten, wenn wir erkannten, wie unsere Software den Markt veränderte. Aber genauso erinnere ich mich an die Unsicherheit. Wir wussten, dass wir an der Spitze einer Entwicklung standen, aber wir hatten keine Ahnung, wie lange diese Welle andauern würde. Konnte man sicher sein, dass unser Wissen, unsere Fähigkeiten morgen noch relevant wären? Oder würde uns die nächste Technologie überrollen?

Diese Erfahrung prägt mein Verständnis von Wandel bis heute. Die Geschwindigkeit, mit der neue Entwicklungen auf den Markt kamen, war atemberaubend, und die Tools, die wir entwickelten, mussten sich ständig weiterentwickeln, um relevant zu bleiben. Das brachte mich zu einer Erkenntnis: Wenn du in einem sich ständig verändernden Umfeld arbeitest, gibt es keinen Endpunkt. Es gibt nur die ständige Anpassung. Das war eine harte Lektion, aber sie hat mich gelehrt, dass es nicht darum geht, ein Ziel zu erreichen, sondern immer einen Schritt voraus zu sein. Und genau das ist der Punkt, an dem wir uns heute mit der Künstlichen Intelligenz befinden.

Die „seltsame" Begegnung mit der Xbox Live

Ein weiteres Beispiel für das Unterschätzen des technologischen Fortschritts erlebte ich Anfang der 2000er Jahre, als ich von meinem Freund Daniel Hanttula, damals bei Microsoft, ein Gerät erhielt, das mich völlig verwirrte. Es handelte sich um „Xbox Live". Sie müssen verstehen, zu dieser Zeit war das Konzept, online mit anderen Spielern zu sprechen, vollkommen neu. Ich war Tester Nummer 37 in Deutschland für diese Technologie und fragte mich ernsthaft, was der Sinn dahinter sein sollte. Warum sollten Menschen während des Spielens mit fremden Leuten reden wollen? Es erschien mir überflüssig und, um ehrlich zu sein, dachte ich, dass dieses System keinen Erfolg haben würde.

Nun, wie wir heute wissen, habe ich die Entwicklungsgeschwindigkeit und die Anwendungsmöglichkeiten dieser Technologie völlig unterschätzt. Xbox Live wurde ein zentraler Bestandteil des Online-Gamings und revolutionierte nicht nur die Art, wie Spiele gespielt wurden, sondern auch, wie Menschen miteinander kommunizierten. Das war eine Lektion, die mich erneut daran erinnerte, wie schnell technologische Durchbrüche den Markt erobern können, wenn sie den Nerv der Zeit treffen.

Was bedeutet das für Führungskräfte?

Wenn Sie heute eine Führungsposition innehaben, müssen Sie sich einer Realität stellen: Die Technologien, die wir heute nutzen, sind bereits morgen veraltet. Das klingt wie ein Klischee, aber es ist die nackte Wahrheit. Doch gerade hier liegt die Chance. Die Frage ist nicht, ob Sie sich anpassen müssen – das müssen Sie – sondern **wie** Sie das tun. Welche Rolle wird KI in Ihrem Unternehmen spielen? Wie werden Sie die Technologien, die heute verfügbar sind, strategisch nutzen, um die Zukunft zu gestalten?

Als ich in den 90ern in der Softwareentwicklung tätig war, konnten wir uns nicht vorstellen, dass einige der Tools, die wir erstellten, innerhalb weniger Jahre durch vollständig automatisierte, intelligente Systeme ersetzt würden. Heute stehen viele von Ihnen vor der gleichen Herausforderung. KI wird nicht nur in der Lage sein, Prozesse zu optimieren – sie wird Entscheidungen treffen, strategische Entscheidungen. Es ist Ihre Aufgabe, diese Entwicklung nicht nur zu überwachen, sondern sie zu steuern.

Ein Blick auf die Realität: Vom Hype zur Praxis

Wenn ich an die 80er und 90er zurückdenke, war es fast undenkbar, dass Maschinen selbstständig lernen könnten. Heute ist das Realität. KI entwickelt sich in einer Geschwindigkeit, die viele Menschen überwältigt. Doch während viele in den Führungsetagen noch darüber nachdenken, ob sie in diese Technologien investieren sollen, gibt es Unternehmen, die längst den Schritt gegangen sind. Amazon nutzt KI nicht nur für die Optimierung der Logistik, sondern auch für personalisierte Kundenerfahrungen. Tesla revolutioniert die Automobilindustrie mit autonomen Fahrzeugen, die kontinuierlich dazulernen.

Die Geschwindigkeit, mit der KI sich entwickelt, wirft oft die Frage auf, ob es überhaupt sinnvoll ist, sich auf eine Technologie zu fokussieren, die morgen vielleicht schon wieder veraltet ist. Aber genau das ist die Herausforderung. Es ist nicht die Technologie, die sich verändert – es ist unser Umgang mit ihr. Diejenigen, die in der Lage sind, den Wandel zu verstehen und strategisch zu nutzen, werden den Unterschied machen. Genau das ist der Punkt: Es lohnt sich immer, über die Zukunft zu schreiben und nachzudenken, denn auch wenn sich die Technologie ändert, bleibt die Notwendigkeit, den Wandel zu gestalten, immer bestehen.

2. Die Revolution der KI – Ein Überblick für Führungskräfte

Okay, stellen Sie sich vor, Sie sitzen an Ihrem Schreibtisch und denken über die Zukunft Ihres Unternehmens nach. Haben Sie es schon bemerkt? Die Revolution ist längst da, und sie trägt den Namen **Künstliche Intelligenz.** Ja, genau – es ist diese Technik, die bereits ganze Industrien auf den Kopf gestellt hat, während Sie vielleicht noch überlegen, wie Sie den nächsten Quartalsbericht optimieren können. Zeit aufzuwachen. Diese KI-Revolution fragt nicht nach Ihrer Erlaubnis, sie überrollt Sie einfach, wenn Sie nicht schnell genug sind, um mitzumachen.

Früher war die Welt noch einfach. Entscheidungen basierten auf Erfahrung, Intuition und ein wenig Bauchgefühl. Klingt nostalgisch, oder? Leider hat die Realität das überholt. Sie glauben, Sie hätten noch Zeit, um sich über die besten Strategien Gedanken zu machen? **Falsch gedacht!** Während Sie sich noch fragen, welche Veränderungen KI wirklich bringen könnte, hat sie bereits angefangen, Ihre Branche zu transformieren. KI analysiert jetzt schon in Echtzeit Datenströme, optimiert Prozesse und trifft Entscheidungen – ohne, dass Sie überhaupt bemerkt haben, dass sie in Aktion ist. Verstehen Sie mich nicht falsch: Das ist keine Dystopie, sondern die größte Chance, die Sie jemals hatten – vorausgesetzt, Sie stehen auf der richtigen Seite.

Erinnern Sie sich an Kodak? Das einst mächtige Unternehmen, das den digitalen Wandel völlig verschlafen hat und heute nur noch als Schatten seiner selbst existiert? Es war nicht die Kamera, die Kodak das Genick gebrochen hat, sondern die Weigerung, eine neue Technologie rechtzeitig zu erkennen und zu nutzen. Denken Sie nicht, dass Ihr Unternehmen unverwundbar ist. Jede Branche kann von KI umgekrempelt werden, und wer nicht bereit ist, seine Komfortzone zu verlassen, wird vom Markt gefegt. Das gilt für Sie genauso wie für Ihre Mitbewerber.

„Aber was ist mit der menschlichen Intuition?" höre ich Sie vielleicht fragen. Klar, Intuition ist wichtig, aber hier ist der Clou: **KI hat keine Intuition – und genau das ist ihr Vorteil.** Sie braucht keine Gefühle, keine Vorurteile, keine zähen Diskussionen im Vorstand. Sie analysiert Daten, trifft Entscheidungen und lernt aus ihren Fehlern schneller, als Sie „Strategie-Meeting" sagen können. Während Sie sich also noch den Kopf darüber zerbrechen, welche Marktstrategie Sie wählen sollen, hat KI bereits den nächsten großen Trend entdeckt und darauf reagiert.

Worauf warten Sie also? Denken Sie wirklich, dass die alten Regeln des Marktes noch lange gelten werden? Vergessen Sie es! Wir leben in einer Zeit, in der die Märkte von Agilität und Geschwindigkeit dominiert werden. Unternehmen, die auf veraltete Methoden setzen, verlieren schneller Marktanteile, als Sie glauben. KI ist Ihr Schlüssel zu dieser neuen Realität, zu einer Welt, in der Entscheidungen auf präzisen, datengestützten Analysen basieren. Das ist nicht einfach nur eine weitere Technologie, die Sie Ihrem Arsenal hinzufügen können. KI ist der Kern der Zukunft.

Wissen Sie, was das wirklich Verrückte ist? Es gibt kein „Vielleicht" mehr. KI ist nicht die Zukunft – sie ist das **Jetzt**. Die Revolution hat bereits begonnen, und sie wird Ihnen keine Zeit geben, sich in Ruhe vorzubereiten. Unternehmen, die heute noch zögern, werden morgen irrelevant sein. Wer glaubt, er könne die KI-Revolution einfach aussitzen und darauf hoffen, dass sie vorüberzieht, täuscht sich gewaltig. Die Realität ist, dass es keinen Weg zurückgibt. Sie können entweder die Welle reiten oder von ihr überrollt werden.

Aber keine Sorge, es ist noch nicht zu spät, sich dieser neuen Welt anzupassen. Aber, und das ist entscheidend, Sie müssen handeln – und zwar jetzt. Künstliche Intelligenz gibt Ihnen die Möglichkeit, Ihr Unternehmen so zu transformieren, dass Sie nicht nur konkurrenzfähig bleiben, sondern an der Spitze stehen. Aber es erfordert Mut, die Kontrolle über diese Technologie zu übernehmen, anstatt darauf zu warten, dass sie für Sie entscheidet. Und glauben Sie mir, **wenn Sie nicht entscheiden, dann wird die KI das tun.**

Erinnern Sie sich an meine Geschichte mit Xbox Live? Anfang der 2000er Jahre bekam ich dieses „seltsame" Gerät von meinem Freund Daniel Hanttula, damals bei Microsoft. Es hieß „Xbox Live", und ich dachte: **„Warum um alles in der Welt sollte jemand beim Spielen mit Fremden sprechen wollen?"** Ich war Tester Nummer 37 in Deutschland und sah keinerlei Zukunft darin. Ja, ich gebe es zu – ich habe die Entwicklungsgeschwindigkeit und die Marktmöglichkeiten völlig unterschätzt. Heute wissen wir, dass Online-Gaming und die Kommunikation mit Spielern weltweit den Gaming-Markt völlig neu definiert haben. Ich habe damals den Fortschritt unterschätzt, und das war ein Fehler. Diese Art von Fehleinschätzung darf Ihnen mit der KI nicht passieren.

KI ist nicht nur eine Chance, sie ist eine Notwendigkeit. Sie müssen sie nicht lieben, aber Sie müssen sie respektieren. Denn während Sie noch darüber nachdenken, ob Sie bereit sind, ist Ihr Wettbewerber schon längst auf dem Weg, diese Technologie zu nutzen und Sie hinter sich zu lassen. Das Spiel hat sich geändert, und es ist Zeit, dass Sie anfangen, nach den neuen Regeln zu spielen. Und hier ist die goldene Regel: **Geschwindigkeit gewinnt.**

Also, worauf warten Sie noch?

3. Was Künstliche Intelligenz für die Belegschaft bedeutet

Wenn Sie dachten, die Künstliche Intelligenz würde nur die Führungsebene erschüttern, dann täuschen Sie sich gewaltig. Die Revolution der KI trifft nicht nur das obere Management, sondern auch jede einzelne Ebene Ihrer Belegschaft. Und hier wird es spannend – oder auch ziemlich unangenehm, je nachdem, wie gut Sie auf diese Veränderungen vorbereitet sind. Denn die Frage ist nicht mehr, ob KI Ihre Mitarbeiter beeinflusst, sondern **wie tiefgreifend.**

Fangen wir gleich mit der unangenehmen Wahrheit an: **Jobs, wie wir sie kennen, stehen auf der Kippe.** Ja, das hören Sie nicht gerne. Niemand will hören, dass Maschinen in Zukunft viele Aufgaben übernehmen werden, die bisher von Menschen erledigt wurden. Aber genau das passiert, ob Sie es wollen oder nicht. Die klassische Arbeitsteilung, die wir über Jahrzehnte hinweg perfektioniert haben, wird durch KI auf den Kopf gestellt. „Aber meine Mitarbeiter haben spezifische Fähigkeiten, die eine Maschine nicht ersetzen kann." Wirklich? Haben Sie schon einmal gesehen, was heutige KI-Systeme leisten können?

Es ist Zeit, den rosa Schleier von den Augen zu nehmen. Ja, Ihre Mitarbeiter sind wichtig. Aber die Realität ist, dass KI viele ihrer Aufgaben übernehmen wird – und zwar schneller und effizienter, als es je ein Mensch könnte. Automatisierung, Datenanalyse, sogar kreative Prozesse werden von KI-Systemen übernommen. Und das bedeutet für Sie: Sie müssen sich darauf vorbereiten, dass viele der Jobs, die heute noch wichtig erscheinen, morgen bereits veraltet sein könnten.

Aber bevor Sie jetzt in Panik geraten: Das ist nicht das Ende der Welt. **Es ist das Ende der Welt, wie wir sie kennen**, aber das muss nichts Schlechtes sein. Denn KI wird nicht nur Jobs eliminieren, sie wird auch neue Möglichkeiten schaffen – und hier kommt Ihre Aufgabe ins Spiel. Die Herausforderung besteht darin, Ihre Mitarbeiter so weiterzubilden, dass sie in dieser neuen Welt bestehen können. *Reskilling* heißt das Zauberwort. Aber keine Sorge, wir sprechen nicht von einem völlig neuen Arbeitsmarkt über Nacht. Doch die Richtung ist klar: Wer sich nicht anpasst, wird zurückgelassen.

Wissen Sie, was das Spannende ist? **KI wird keine Jobs klauen – sie wird sie transformieren.** Nehmen wir das Beispiel der Automatisierung. Früher war Automatisierung gleichbedeutend mit dem Verlust von Jobs in der Produktion, der Logistik oder im einfachen Dienstleistungssektor. Doch das ist nur die halbe Wahrheit. In Wirklichkeit öffnet KI Türen für völlig neue Aufgaben und Rollen. Mitarbeiter, die bisher in repetitiven, monotonen Tätigkeiten gefangen waren, können sich nun auf komplexere, kreativere und strategischere Aufgaben konzentrieren – vorausgesetzt, Sie geben ihnen die Werkzeuge dafür.

Aber wie sieht das konkret aus? Stellen Sie sich einen Produktionsmitarbeiter vor, der bisher tagein, tagaus dieselbe Aufgabe erledigt hat. Vielleicht hat er Maschinen gewartet oder einfache

Handgriffe erledigt. In der Welt der KI übernimmt nun ein Roboter diese Aufgabe. Der Mitarbeiter aber wird nicht einfach aufs Abstellgleis gestellt. Stattdessen wird er zum **Supervisor** – nicht über Menschen, sondern über die Maschinen. Er wird geschult, diese Systeme zu verstehen, zu überwachen und zu optimieren. Klingt nach Science-Fiction? Das ist die Realität, in die wir uns gerade bewegen.

Und wissen Sie, was das Beste daran ist? **KI wird nicht nur die Effizienz steigern, sondern auch die Kreativität fördern.** Das mag jetzt paradox klingen, aber lassen Sie mich das erklären. Bisher waren viele Mitarbeiter so sehr in ihren alltäglichen Aufgaben gefangen, dass sie kaum Zeit hatten, wirklich kreativ zu denken. Sie hatten keinen Raum, um Innovationen zu entwickeln, weil sie ständig mit operativen Aufgaben beschäftigt waren. KI nimmt diesen operativen Druck weg und gibt den Menschen die Freiheit, kreativ zu werden. Sie müssen nicht mehr den ganzen Tag mit der Verwaltung von Daten oder dem Erstellen von Berichten verbringen – das macht die KI für sie. Stattdessen können sie ihre Energie darauf verwenden, neue Ideen zu entwickeln, innovative Ansätze zu finden und das Unternehmen voranzubringen.

Jetzt mal ehrlich: Wie oft haben Sie in den letzten Jahren wirklich gedacht: „Mann, meine Mitarbeiter könnten so viel mehr leisten, wenn sie nur die Zeit dafür hätten!" Nun, hier ist Ihre Antwort. Die Zeit ist gekommen. **KI schafft die Freiräume,** die Ihre Mitarbeiter brauchen, um wirklich produktiv und kreativ zu sein. Aber natürlich nur, wenn Sie sie darauf vorbereiten.

Apropos Vorbereitung: Lassen Sie uns über die Realität am Arbeitsplatz sprechen. Viele Ihrer Mitarbeiter sind wahrscheinlich verunsichert. Sie haben von KI gehört, aber die meisten haben keine Ahnung, wie sie diese Technologie in ihren Arbeitsalltag integrieren sollen. Sie sehen vielleicht KI als Bedrohung, als etwas, das ihre Jobs unsicher macht. Und Sie können es ihnen nicht verübeln. Die Berichte über automatisierte Systeme, die ganze Fabriken ohne menschliche Beteiligung betreiben, sind nicht gerade beruhigend.

Hier kommt Ihre Rolle als Führungskraft ins Spiel. **Sie müssen Ihre Mitarbeiter abholen, sie mitnehmen und ihnen zeigen, dass KI nicht das Ende ist, sondern der Anfang.** Der Anfang einer neuen Ära, in der Menschen und Maschinen zusammenarbeiten, um Dinge zu erreichen, die bisher unmöglich schienen. Aber das bedeutet auch, dass Sie aktiv werden müssen. Sie können nicht einfach abwarten und zusehen, wie KI Ihren Betrieb infiltriert. Sie müssen den Wandel steuern.

Reskilling, Upskilling, Weiterbildungen – das sind keine Schlagworte aus den letzten HR-Broschüren. Das ist Ihre Lebensversicherung für die Zukunft. Ihre Mitarbeiter müssen nicht nur lernen, mit den neuen Technologien zu arbeiten, sie müssen verstehen, wie sie diese nutzen können, um ihren eigenen Arbeitsalltag zu verbessern. Sie werden nicht mehr nur Werkzeuge bedienen, sie werden die Architekten der neuen technologischen Landschaft sein.

Und ja, ich höre Sie schon sagen: „Das klingt alles super, aber wie setze ich das um?" Die Antwort ist einfach: Sie fangen heute an. Sie beginnen damit, eine **Kultur der Offenheit** für neue Technologien zu schaffen. Sie geben Ihren Mitarbeitern die Möglichkeit, sich weiterzubilden und sich an die neue Realität anzupassen. Und Sie machen ihnen klar, dass KI kein Feind ist, sondern ein Verbündeter. Ein Verbündeter, der ihnen die langweiligen Aufgaben abnimmt und ihnen die Freiheit gibt, sich auf das zu konzentrieren, was wirklich zählt: Innovation, Kreativität und strategisches Denken.

Denn zu guter Letzt geht es nicht darum, dass KI die Menschen ersetzt. Es geht darum, dass KI die Menschen befähigt, mehr zu erreichen. Aber nur, wenn Sie als Führungskraft bereit sind, den Weg zu ebnen.

4. Konkrete Anwendungsfelder von KI in der Wirtschaft

Gut, Sie wissen jetzt, dass Künstliche Intelligenz die Spielregeln für Führungskräfte verändert und den Arbeitsalltag Ihrer Belegschaft auf den Kopf stellt. Aber wie sieht das Ganze konkret in der Praxis aus? Wo wird KI **heute** bereits eingesetzt, und was können Sie davon lernen? Lassen Sie mich eines vorwegnehmen: **KI ist überall**. Und ich meine wirklich überall. Vielleicht haben Sie das Gefühl, dass KI ein nettes Gimmick für die Tech-Giganten in Silicon Valley ist, aber lassen Sie mich Sie eines Besseren belehren. KI revolutioniert **jeden** Sektor – von der Finanzwelt bis zur Logistik, von der Produktion bis zum Marketing.

Lassen Sie uns einen Blick auf einige dieser Bereiche werfen, damit Sie sehen, wie tiefgreifend die Veränderungen bereits sind und was Sie tun müssen, um nicht abgehängt zu werden.

Einführung in die Praxisanwendungen der KI

Die Künstliche Intelligenz ist längst kein abstraktes Konzept mehr, das nur in Forschungslabors und Tech-Startups verwendet wird. Sie hat in den letzten Jahren Einzug in nahezu alle Wirtschaftssektoren gehalten und die Art und Weise, wie Unternehmen operieren, fundamental verändert. KI ist ein leistungsstarkes Werkzeug, das Prozesse optimiert, Ressourcen effizienter einsetzt und Unternehmen dabei hilft, schneller auf Veränderungen im Markt zu reagieren.

Obwohl viele Unternehmen den Begriff "Künstliche Intelligenz" häufig verwenden, um Innovationen zu suggerieren, stellt sich die Frage: **Wo genau wird KI bereits erfolgreich in der Wirtschaft eingesetzt?** Dieses Kapitel wird aufzeigen, in welchen Bereichen KI bereits konkrete Vorteile bringt und wie Unternehmen sie strategisch nutzen, um sich vom Wettbewerb abzuheben.

Anwendungsbeispiel 1 – Logistik und Supply Chain Management (Amazon)

Einer der eindrucksvollsten Bereiche, in denen Künstliche Intelligenz bereits tiefgreifende Veränderungen bewirkt hat, ist die Logistik. Hier spielt KI eine zentrale Rolle bei der Optimierung von Lieferketten, insbesondere bei großen E-Commerce-Unternehmen wie Amazon. Die Komplexität der globalen Lieferketten erfordert eine präzise Koordination von Produktion, Lagerhaltung und Transport – ein Bereich, der mit traditionellen Methoden oft ineffizient war.

Amazon hat sich hier als Pionier hervorgetan. Das Unternehmen nutzt KI, um vorherzusagen, welche Produkte zu welcher Zeit in bestimmten Regionen nachgefragt werden. Dies ermöglicht es Amazon, Lagerbestände dynamisch anzupassen und sicherzustellen, dass Produkte schnell und effizient an Kunden geliefert werden. Künstliche Intelligenz analysiert in Echtzeit Daten aus vergangenen Bestellungen, geografischen Trends, und saisonalen Veränderungen, um die Lagerbestände zu optimieren. Diese **vorausschauende Analyse** reduziert nicht nur Lagerkosten, sondern minimiert auch Engpässe und Lieferverzögerungen.

Ein weiteres Highlight ist die Verwendung von **Robotic Process Automation (RPA)** in den Lagerhäusern. Amazons Roboter sind KI-gestützt und optimieren den gesamten Prozess der Warenbewegung innerhalb des Lagers. Roboter transportieren Produkte zu Mitarbeitern, die nur noch das Verpacken übernehmen müssen – und das in einer Geschwindigkeit, die ein rein manuelles System niemals erreichen könnte.

Anwendungsbeispiel 2 – Automobilindustrie (Tesla)

Auch die Automobilindustrie hat enorm von KI profitiert, insbesondere durch die Entwicklungen bei autonomen Fahrzeugen. **Tesla** ist hier einer der Vorreiter. Während traditionelle Automobilhersteller sich auf die Mechanik ihrer Fahrzeuge konzentrieren, ist Tesla ein Technologieunternehmen, das KI als zentrales Element seiner Strategie nutzt.

Teslas Fahrzeuge sind mit einem fortschrittlichen **Autopilot-System** ausgestattet, das auf maschinellem Lernen basiert. Dieses System analysiert kontinuierlich große Mengen von Daten, die von den Sensoren der Autos erfasst werden, um die Umgebung in Echtzeit zu verstehen und Fahrentscheidungen zu treffen. Die KI bei Tesla ist nicht statisch; sie lernt aus jeder gefahrenen Meile und verbessert kontinuierlich ihre Fähigkeiten. Jede neue Erfahrung, die ein Tesla auf der Straße macht, wird in einem zentralen Netzwerk gesammelt, sodass alle Fahrzeuge von den Lernergebnissen profitieren.

Neben dem autonomen Fahren nutzt Tesla KI auch für die **vorausschauende Wartung** (Predictive Maintenance). Sensoren in den Fahrzeugen überwachen permanent den Zustand von Bauteilen und können frühzeitig Anomalien erkennen, die auf mögliche zukünftige Probleme hindeuten. Diese präventive Wartung sorgt dafür, dass Fehler behoben werden können, bevor sie zu teuren Ausfällen führen.

Anwendungsbeispiel 3 – Gesundheitswesen (DeepMind)

Das Gesundheitswesen ist ein weiteres Feld, in dem Künstliche Intelligenz bereits transformative Veränderungen bewirkt. Unternehmen wie **DeepMind**, eine Tochtergesellschaft von Alphabet (Google), haben gezeigt, dass maschinelles Lernen in der Lage ist, medizinische Prozesse zu revolutionieren, insbesondere in der Diagnose und Behandlung von Krankheiten.

DeepMind hat ein KI-System entwickelt, das in der Lage ist, **Augenerkrankungen** schneller und präziser als viele Ärzte zu diagnostizieren. Das System analysiert Augenbilder und ist in der Lage, Anomalien zu erkennen, die auf Krankheiten wie diabetische Retinopathie oder Makuladegeneration hindeuten. Diese Krankheiten können zu Erblindung führen, wenn sie nicht rechtzeitig behandelt werden. KI kann durch maschinelles Lernen aus Millionen von Bildern lernen, selbst kleinste Anzeichen zu erkennen, die für das menschliche Auge schwer zu sehen sind.

Darüber hinaus arbeitet DeepMind an einem bahnbrechenden Projekt zur Vorhersage von **Nierenversagen**. Hierbei analysiert die KI riesige Mengen von Patientendaten, um Anzeichen für drohendes Nierenversagen zu erkennen – oft bevor die Symptome auftreten. Diese Art der präventiven Diagnostik kann Leben retten und das Gesundheitswesen effizienter gestalten, da Behandlungen frühzeitig eingeleitet werden können.

Ein weiteres faszinierendes Projekt von DeepMind ist die Entwicklung von **AlphaFold**, einem KI-Programm, das die Struktur von Proteinen vorhersagen kann. Die Fähigkeit, die Struktur von Proteinen genau zu bestimmen, ist ein revolutionärer Durchbruch in der biomedizinischen Forschung, da dies den Weg für neue Medikamente und Therapien ebnet. Dank AlphaFold können Forscher nun schneller und kostengünstiger Krankheiten erforschen und potenzielle Heilmittel entwickeln.

Anwendungsbeispiel 4 – Finanzsektor (JP Morgan, BlackRock)

Auch der Finanzsektor hat enorm von den Fortschritten in der Künstlichen Intelligenz profitiert. Banken und Finanzdienstleister nutzen KI, um Risiken zu bewerten, Betrugsversuche zu erkennen und Marktbewegungen vorherzusagen. Dies hilft nicht nur, schneller auf Marktschwankungen zu reagieren, sondern auch, die Sicherheit von Transaktionen zu erhöhen.

Ein prominentes Beispiel ist **JP Morgan**, das KI zur **Vertragsanalyse** einsetzt. Mithilfe eines Tools namens COiN (Contract Intelligence) kann JP Morgan in wenigen Sekunden tausende von Dokumenten analysieren und Informationen extrahieren, die für die Bewertung von rechtlichen und finanziellen Risiken entscheidend sind. Das spart der Bank nicht nur Zeit, sondern reduziert auch menschliche Fehler. Was früher Anwälte und Analysten Stunden oder Tage kostete, wird jetzt von KI in wenigen Sekunden erledigt – und das mit höherer Genauigkeit.

Auch **BlackRock**, einer der größten Vermögensverwalter der Welt, nutzt KI, um den **Handelsentscheidungsprozess** zu unterstützen. BlackRock verwendet Algorithmen, die Milliarden von Marktdaten analysieren, um Muster zu erkennen und präzise Vorhersagen über Markttrends zu treffen. Diese Vorhersagen helfen den Portfolio-Managern dabei, fundierte Entscheidungen zu treffen und das Risiko in volatilen Märkten zu minimieren. Gleichzeitig optimiert die KI die Allokation von Vermögenswerten und sorgt dafür, dass das Unternehmen schneller und effizienter auf Veränderungen im globalen Markt reagieren kann.

Anwendungsbeispiel 5 – Marketing und Kundenanalyse (Coca-Cola, Netflix)

Auch das **Marketing** und die **Kundenanalyse** haben durch den Einsatz von KI ein völlig neues Level erreicht. Durch maschinelles Lernen können Unternehmen tiefere Einblicke in das Verhalten ihrer Kunden gewinnen und maßgeschneiderte Marketingstrategien entwickeln.

Coca-Cola verwendet KI, um die **Produktentwicklung und das Marketing** zu optimieren. Beispielsweise analysiert das Unternehmen Social Media-Posts, um zu erkennen, welche Geschmacksrichtungen oder Produkte von Konsumenten bevorzugt werden. Diese Informationen fließen direkt in die Produktentwicklung ein. Darüber hinaus nutzt Coca-Cola KI, um personalisierte Werbekampagnen zu erstellen, die auf dem Verhalten und den Vorlieben einzelner Kunden basieren. Der Algorithmus passt die Werbung in Echtzeit an, je nachdem, welche Inhalte die Kunden konsumieren oder mit welchen Produkten sie interagieren.

Ein weiteres beeindruckendes Beispiel ist **Netflix**. Der Streaming-Gigant verwendet maschinelles Lernen, um nicht nur personalisierte Film- und Serienempfehlungen zu generieren, sondern auch, um Entscheidungen darüber zu treffen, **welche Inhalte produziert werden**. Netflix analysiert das Sehverhalten seiner Nutzer und verwendet diese Daten, um vorherzusagen, welche Genres und Themen bei welchen Zielgruppen gut ankommen. Diese datengetriebene Herangehensweise hat es Netflix ermöglicht, erfolgreiche Originalinhalte wie *Stranger Things* oder *The Witcher* zu produzieren, die genau auf die Vorlieben der Zuschauer abgestimmt sind.

Darüber hinaus verwendet Netflix KI zur **Optimierung von Streaming-Qualität.** Der Algorithmus analysiert die Internetverbindung eines Nutzers in Echtzeit und passt die Streaming-Qualität automatisch an, um sicherzustellen, dass der Zuschauer unabhängig von seiner Bandbreite ein möglichst flüssiges Seherlebnis hat.

5. Die Auswirkungen von KI auf Unternehmensstrukturen

Jetzt wird's ernst. Wir haben darüber gesprochen, wie KI alles aufmischt, und wir haben uns angesehen, welche Branchen bereits umgekrempelt werden. Aber was bedeutet das für die Menschen, die in diesen Branchen arbeiten? Was passiert, wenn KI in die tiefsten Ecken Ihres Unternehmens eindringt und plötzlich ganze Abteilungen auf den Kopf stellt? Die Antwort ist einfach: **Nichts bleibt, wie es war.** Das betrifft nicht nur die Aufgaben der Mitarbeiter, sondern auch die Strukturen und Prozesse, die Ihr Unternehmen jahrzehntelang am Laufen gehalten haben.

Erinnern Sie sich noch an die Zeiten, in denen die Abteilungsleiter mit Stolz sagen konnten: „Das haben wir schon immer so gemacht"? Tja, diese Tage sind gezählt. Der Satz „Das haben wir schon immer so gemacht" ist der letzte Atemzug eines Unternehmens, das nicht verstanden hat, dass KI die Regeln neu schreibt. Sie haben also zwei Optionen: Entweder Sie nutzen diese neue Macht oder Sie verlieren den Anschluss.

Aber genug der Drohkulisse. Lassen Sie uns über die **realen Auswirkungen** sprechen. Wenn KI in Ihr Unternehmen Einzug hält, verändert sich alles – von der Arbeitsweise bis hin zu den Strukturen.

Der erste Punkt, der Ihnen ins Auge springen wird, ist die **Verlagerung der Verantwortung**. Früher waren Abteilungsleiter dafür verantwortlich, Entscheidungen zu treffen, basierend auf menschlicher Intuition und Erfahrung. Heute nehmen ihnen KI-Systeme diese Entscheidungen ab. Klar, das mag Ihnen als Chef gefallen – endlich weniger Meetings, oder? Aber was bedeutet das für die unteren Ebenen?

Ihre Mitarbeiter werden nicht mehr einfach nur Befehlsempfänger sein. Die Zeiten, in denen der Chef das letzte Wort hatte, sind vorbei. **KI übernimmt einen Großteil der Entscheidungsprozesse**, weil sie schneller und präziser ist. Die Folge? Ihre Mitarbeiter müssen lernen, wie sie mit dieser Technologie zusammenarbeiten, statt gegen sie zu kämpfen. Sie müssen plötzlich mit komplexen Datenmodellen umgehen, die sie nie zuvor gesehen haben. Und das verändert nicht nur ihre Aufgaben, sondern auch ihre **Verantwortung**.

Ein Beispiel gefällig? Nehmen wir den **Vertrieb**. Früher bestand der Vertrieb darin, Kundenbeziehungen aufzubauen, das richtige Angebot zu machen und im besten Fall einen Vertrag abzuschließen. Heute kann KI den gesamten Verkaufsprozess analysieren und Ihnen in Echtzeit sagen, wie hoch die Wahrscheinlichkeit ist, dass ein bestimmter Kunde kauft, wann der beste Zeitpunkt ist, ihn anzurufen, und was er hören will. Der klassische Vertriebsmitarbeiter? Der muss plötzlich zum Datenanalysten werden. Und wenn er das nicht lernt? Nun, dann ist er schneller ersetzt, als Sie „Kundensegmentierung" sagen können.

Doch das ist nur die Oberfläche. Wenn Sie tiefer graben, sehen Sie, dass KI nicht nur einzelne Aufgaben verändert, sondern **ganze Unternehmensstrukturen** auf den Kopf stellt. Denken Sie an die Hierarchien in Ihrem Unternehmen. In der Vergangenheit hatten Sie eine klare Pyramide: Oben die Führungskräfte, darunter die mittlere

Managementebene, und ganz unten die Mitarbeiter. Aber wenn KI plötzlich die Entscheidungen übernimmt, was bleibt dann von dieser Struktur übrig? **Flache Hierarchien** werden zur Norm, weil es keine endlosen Managementschichten mehr braucht, um Informationen zu filtern und Entscheidungen zu treffen. Die Macht, Entscheidungen zu treffen, liegt direkt bei den Teams – und oft auch bei der KI.

Und hier wird es besonders spannend: **Machtverlagerung**. Die alten Strukturen basierten darauf, dass Wissen Macht war. Führungskräfte hatten Zugriff auf Informationen, die den unteren Ebenen verwehrt blieben. Das ist jetzt vorbei. KI verteilt das Wissen gleichmäßig. Diejenigen, die am besten mit den neuen Systemen arbeiten, werden aufsteigen – egal, in welcher Ebene sie sich derzeit befinden. Der „nette Abteilungsleiter", der 20 Jahre lang die Abteilung geführt hat, hat plötzlich nicht mehr die Kontrolle, wenn er nicht in der Lage ist, die neuen Technologien zu verstehen und zu nutzen. Und wissen Sie, was das für Ihre **Unternehmenskultur** bedeutet? Einen großen Wandel. Plötzlich wird es wichtiger, wie gut jemand mit Daten umgeht, als wie viele Jahre er in der Firma ist. Erfahrung allein reicht nicht mehr. Es zählt, wie schnell man sich anpasst und wie gut man mit den neuen Tools arbeiten kann.

Das klingt nach einer chaotischen, fast schon anarchistischen Zukunft, oder? Nicht ganz. **Es ist die Zukunft der Agilität**. Unternehmen, die es schaffen, KI richtig zu integrieren, werden flexibler, schneller und innovativer. Entscheidungen, die früher Tage oder Wochen gedauert haben, werden jetzt in Minuten getroffen. Meetings, in denen stundenlang darüber diskutiert wurde, ob man nun links oder rechts abbiegen sollte, werden durch blitzschnelle Analysen ersetzt, die klare Fakten liefern. Und wissen Sie, was das Beste daran ist? Ihre **Mitarbeiter werden befreit**. Ja, befreit. Sie müssen sich nicht mehr mit endlosen Prozessen und bürokratischen Hürden herumschlagen. Sie können sich auf das konzentrieren, was wirklich zählt: **Innovation und Kreativität.**

Aber bevor Sie jetzt denken, dass KI alles perfekt macht, lassen Sie uns ehrlich sein: **Es wird Verlierer geben.** Nicht jeder wird in dieser neuen Welt seinen Platz finden. Es wird Mitarbeiter geben, die sich nicht anpassen können oder wollen. Und das ist okay. Denn die Wahrheit ist: KI wird nicht jedem gefallen. Manche Menschen werden sich bedroht fühlen. Sie werden Angst haben, dass sie ersetzt werden. Und ja, einige werden ersetzt werden. Aber das bedeutet nicht, dass Ihr Unternehmen weniger menschlich wird. Im Gegenteil. Die Menschen, die bereit sind, mit der KI zu arbeiten, werden wertvoller sein als je zuvor.

Also, was bedeutet das alles konkret für Ihre Unternehmensstrukturen? Einfach gesagt: Sie müssen **flexibler, schneller und offener** werden. Verabschieden Sie sich von alten Hierarchien und Bürokratie. Bauen Sie eine Kultur auf, die **Neugier und Anpassungsfähigkeit** fördert. Ihre Mitarbeiter müssen lernen, wie sie mit der KI arbeiten, sie steuern und nutzen, um den maximalen Vorteil daraus zu ziehen. Und das bedeutet, dass Sie ihnen die Werkzeuge und die Freiheit geben müssen, das zu tun.

Die Auswirkungen von KI auf Ihr Unternehmen sind enorm – und sie passieren schneller, als Sie denken. Die Frage ist nicht mehr, ob Sie sich anpassen sollten, sondern wie schnell Sie es tun. Denn eines ist sicher: Die Zukunft wartet auf niemanden.

6. Produktivität und Effizienz – Der wahre Wert von KI

Sie wollen es wissen: **Was bringt mir KI wirklich?** Schön und gut, dass diese Technologie alles auf den Kopf stellt, aber worauf läuft es am Ende hinaus? Es ist kein Geheimnis, dass Unternehmen wie Amazon, Tesla und Google nicht nur den Einsatz von KI perfektioniert haben, sondern dadurch auch eine geradezu unverschämte Produktivität und Effizienz erreicht haben. Und jetzt sitzen Sie vielleicht da und fragen sich, wie das bei Ihnen aussehen könnte. Hier ist die klare Antwort: **KI wird alles verändern.** Nicht im abstrakten Sinne, sondern in der Art, wie Sie jeden einzelnen Prozess in Ihrem Unternehmen gestalten. Aber lassen Sie uns das konkret machen.

Zunächst einmal: Vergessen Sie die Vorstellung, dass KI nur ein nettes Tool ist, das hin und wieder eingesetzt wird, um Aufgaben zu automatisieren. **KI ist kein Werkzeug, sie ist ein System.** Ein System, das alle Prozesse, alle Entscheidungen und alle Abläufe in Ihrem Unternehmen beeinflussen wird – und zwar von Grund auf. Es geht nicht mehr nur um das Optimieren von bestehenden Prozessen. Es geht darum, völlig neue Prozesse zu schaffen, die mit menschlicher Logik und Geschwindigkeit nicht mithalten könnten.

Ein einfaches Beispiel: **Logistik.** Früher hatten Sie ein Lagerhaus, Menschen, die Waren hin- und herbewegten, und eine gut durchdachte Supply-Chain, die – wenn alles gut lief – einigermaßen funktionierte. Heute übernimmt KI. Und ich meine wirklich übernimmt. KI-gesteuerte Systeme analysieren in Echtzeit, welche Waren wo und wann gebraucht werden, passen die Bestellungen automatisch an und managen sogar den Nachschub, noch bevor jemand im Büro überhaupt merkt, dass ein Problem existiert. Die Effizienz? Unschlagbar. Die Einsparungen? Gigantisch.

Schauen wir uns den **E-Commerce** an. Hier zeigt sich der wahre Wert der KI besonders deutlich. Während Sie früher auf gute Marketing-Kampagnen und ein wenig Glück setzen mussten, um Kunden zu erreichen, analysiert KI heute in Echtzeit das Kaufverhalten jedes einzelnen Nutzers. Jeder Klick, jeder Scroll, jede abgebrochene Bestellung – KI weiß alles. Sie weiß, wann der beste Zeitpunkt ist, einem Kunden ein neues Produkt zu präsentieren, wann er am empfänglichsten ist und wie Sie ihn davon überzeugen, den Kauf tatsächlich abzuschließen. Mit traditionellen Methoden? Unmöglich. Mit KI? Alltag.

Und das ist noch nicht alles. KI gibt Ihnen die Möglichkeit, **Riesendatenmengen** in einer Geschwindigkeit zu verarbeiten, die selbst den besten Analysten alt aussehen lässt. Nehmen wir das Beispiel **Predictive Maintenance** in der Industrie. Früher mussten Sie Geräte regelmäßig warten lassen, unabhängig davon, ob sie wirklich gewartet werden mussten oder nicht. Das bedeutete Ausfallzeiten, Produktionsstopps und unnötige Kosten. Heute analysiert KI die Daten Ihrer Maschinen in Echtzeit und kann genau vorhersagen, wann ein Bauteil ausfällt. Sie warten nicht mehr auf das Problem – Sie verhindern es, bevor es entsteht. Das Ergebnis? **Maximale Effizienz, minimale Ausfallzeiten**.

Doch was bedeutet das alles für die **Produktivität Ihrer Mitarbeiter**? Hier kommen wir zu einem der größten Missverständnisse, die es über KI gibt. Viele Menschen – und vielleicht auch einige Ihrer Mitarbeiter – denken, dass KI sie ersetzen wird. Aber die Realität ist: **KI macht Ihre Mitarbeiter produktiver als je zuvor.** Anstatt sich mit repetitiven, zeitfressenden Aufgaben herumzuschlagen, können sie sich auf das konzentrieren, was wirklich zählt. Kreativität. Innovation. Strategie. KI nimmt ihnen die langweiligen Aufgaben ab und gibt ihnen den Freiraum, sich auf das Wesentliche zu konzentrieren.

Sie denken, das klingt zu schön, um wahr zu sein? Lassen Sie mich ein Beispiel geben. In der **Finanzbranche** hat KI bereits die Art und

Weise revolutioniert, wie Buchhaltung und Finanzanalysen durchgeführt werden. Früher mussten Ihre Mitarbeiter stundenlang Berichte durchforsten, Zahlen vergleichen und Fehler suchen. Heute übernimmt KI diese Arbeit. Sie analysiert Millionen von Datensätzen in Sekunden, erkennt Muster und Unregelmäßigkeiten, erstellt Berichte und bietet sogar Empfehlungen an, wie Sie Ihre Finanzen besser verwalten können. Ihre Mitarbeiter haben nun die Zeit, sich mit strategischen Finanzentscheidungen zu beschäftigen, anstatt sich in den Details zu verlieren.

Aber das ist nur der Anfang. In der **Personalabteilung** verändert KI gerade die Art und Weise, wie Sie Talente rekrutieren und entwickeln. Früher bestand der Rekrutierungsprozess darin, Hunderte von Bewerbungen durchzugehen und zu hoffen, dass man den richtigen Kandidaten findet. Heute analysiert KI die Fähigkeiten, Erfahrungen und sogar die Persönlichkeit von Bewerbern und schlägt Ihnen die besten Talente vor – lange bevor ein Mensch überhaupt einen Blick auf den Lebenslauf geworfen hat. Was das für Ihre Produktivität bedeutet? **Sie finden schneller die besten Mitarbeiter und setzen sie gezielter ein.**

Und dann gibt es noch das Thema **Kundenerfahrung**. Früher mussten Ihre Vertriebs- und Marketingteams mühsam Kampagnen erstellen, um die breite Masse zu erreichen. Heute übernimmt KI die Personalisierung. Sie analysiert, was Ihre Kunden wollen, noch bevor sie es selbst wissen. Jeder Kunde bekommt genau das, was er braucht – zur richtigen Zeit, auf dem richtigen Kanal, in der richtigen Sprache. Was das für Ihre Produktivität bedeutet? **Bessere Conversion-Raten, zufriedenere Kunden und weniger Aufwand für Ihr Team.**

Jetzt fragen Sie sich vielleicht: „Wie messen wir das? Wie können wir den Erfolg von KI wirklich beziffern?" Die Antwort ist einfach: **KPIs**

(Key Performance Indicators). Aber nicht die KPIs, die Sie aus der Vergangenheit kennen. Nein, KI bringt ganz neue Messgrößen mit sich. Wir sprechen hier nicht nur von Umsatzwachstum und Kostensenkungen. Wir reden von **Datenverarbeitungs- geschwindigkeit**, **Entscheidungsgenauigkeit**, **Fehlerreduktion** und vor allem von **Zeitgewinn**. Denn am Ende des Tages ist Zeit die wertvollste Ressource, die Sie haben. Und KI gibt Ihnen mehr davon.

Denken Sie an **Tesla**. Dieses Unternehmen hat es geschafft, die gesamte Automobilindustrie auf den Kopf zu stellen. Und wissen Sie, warum? Weil Tesla KI nicht nur als Werkzeug sieht, sondern als Kernbestandteil seines Geschäftsmodells. Während andere Hersteller noch damit beschäftigt sind, ihre traditionellen Prozesse zu optimieren, setzt Tesla KI ein, um Entscheidungen in Echtzeit zu treffen, die nicht nur die Produktion, sondern auch die gesamte Fahrerfahrung verbessern. Das Ergebnis? Maximale Effizienz, unschlagbare Produktivität.

Aber es geht nicht nur um große Unternehmen. **Jedes Unternehmen**, egal wie groß oder klein, kann von KI profitieren. Egal, ob Sie ein Start-up oder ein Traditionsunternehmen sind, KI gibt Ihnen die Möglichkeit, Ihre Produktivität auf ein neues Level zu heben. Die Frage ist nicht mehr, ob Sie KI einsetzen sollten, sondern wie schnell Sie damit anfangen.

7. Ethik und Verantwortung in der Unternehmensführung

Der Einsatz von künstlicher Intelligenz wirft tiefgreifende ethische Fragen auf, die in der Unternehmensführung nicht länger ignoriert werden dürfen. Während der technologische Fortschritt unaufhaltsam voranschreitet, bleibt die Verantwortung der Führungskräfte entscheidend, diesen Wandel bewusst und reflektiert zu gestalten. Es geht nicht nur darum, neue Technologien effizient einzusetzen, sondern auch um die ethischen Implikationen, die dieser Einsatz mit sich bringt. Unternehmen stehen vor der Herausforderung, eine Balance zwischen wirtschaftlichem Erfolg und sozialer Verantwortung zu finden.

Eine der zentralen ethischen Fragen betrifft den Verlust von Arbeitsplätzen durch Automatisierung. Die Einführung intelligenter Systeme ermöglicht es, viele repetitive oder sogar komplexe Aufgaben effizienter, schneller und präziser zu erledigen als es dem Menschen möglich ist. Für Unternehmen ist dies ein verlockendes Versprechen, denn die Kosten können reduziert und die Produktivität gesteigert werden. Doch was bedeutet dies für die Belegschaft? Viele Arbeitsplätze, insbesondere in Branchen mit hohen Automatisierungsgraden, stehen auf dem Spiel. Die Verantwortung der Unternehmensführung besteht darin, nicht nur den kurzfristigen wirtschaftlichen Gewinn zu sehen, sondern auch die langfristigen sozialen Folgen zu berücksichtigen. Arbeitslosigkeit, fehlende Qualifikationen und die daraus resultierende soziale Unsicherheit dürfen nicht als unvermeidliche Kollateralschäden abgetan werden.

Führungskräfte müssen sich der Tatsache bewusst sein, dass ihr Handeln weit über die Unternehmensgrenzen hinaus Auswirkungen hat. Automatisierung darf nicht isoliert betrachtet werden, sondern immer im Kontext der gesellschaftlichen Verantwortung. Anstatt Menschen durch Maschinen zu ersetzen, sollte die Neugestaltung von Arbeitsprozessen Hand in Hand mit einem Plan zur Umschulung und Weiterbildung der Mitarbeiter gehen. Unternehmen, die auf diese Weise agieren, sichern nicht nur ihre eigene Zukunftsfähigkeit, sondern auch den sozialen Frieden und die Stabilität der Gemeinschaft, in der sie tätig sind.

Ein weiteres ethisches Dilemma entsteht im Umgang mit Daten. Intelligente Systeme funktionieren auf der Grundlage großer Mengen an Informationen, die kontinuierlich gesammelt, analysiert und verarbeitet werden. Die Frage, wie mit diesen Daten umgegangen wird, gehört zu den zentralen Herausforderungen unserer Zeit. Es liegt in der Verantwortung der Unternehmensführung, sicherzustellen, dass die Privatsphäre der Nutzer geschützt bleibt und Daten nicht missbräuchlich verwendet werden. Dies ist nicht nur eine rechtliche, sondern vor allem eine moralische Verpflichtung. Der Schutz der Privatsphäre und der verantwortungsvolle Umgang mit sensiblen Informationen müssen oberste Priorität haben, auch wenn dies kurzfristig weniger profitabel erscheint. Unternehmen, die die Integrität ihrer Datenpolitik in den Vordergrund stellen, gewinnen langfristig das Vertrauen ihrer Kunden und Partner.

Hinzu kommt die Frage der Transparenz. Viele intelligente Systeme arbeiten mit Algorithmen, deren Funktionsweise für Außenstehende schwer nachzuvollziehen ist. Diese Intransparenz kann zu Misstrauen führen, insbesondere wenn Entscheidungen von Maschinen getroffen werden, die menschliche Auswirkungen haben. Es ist von höchster Bedeutung, dass Führungskräfte sicherstellen, dass die Entscheidungsprozesse ihrer Systeme nachvollziehbar und überprüfbar bleiben. Die Menschen müssen das Vertrauen haben, dass die eingesetzte Technologie in ihrem Interesse handelt und nicht willkürlich oder undurchsichtig agiert. Hier geht es nicht nur um technologische Effizienz, sondern um die ethische Verpflichtung, den Menschen nicht aus dem Entscheidungsprozess auszuschließen.

Die Verantwortung der Unternehmensführung beschränkt sich nicht allein auf den Umgang mit den eigenen Mitarbeitern und Kunden. Auch die Auswirkungen auf die Gesellschaft insgesamt müssen berücksichtigt werden. Der technologische Fortschritt hat das Potenzial, bestehende Ungleichheiten weiter zu vertiefen, indem er den Zugang zu Ressourcen, Wissen und Möglichkeiten ungleich verteilt. Unternehmen müssen sich bewusst sein, dass sie eine Rolle dabei spielen, ob der technologische Wandel zu einer gerechteren oder zu einer ungleicheren Welt führt. Führungskräfte, die sich ihrer sozialen Verantwortung bewusst sind, werden aktiv darauf hinarbeiten, dass der Zugang zu neuen Technologien und deren Vorteilen möglichst vielen Menschen offensteht, anstatt nur einer kleinen Elite.

Es gibt jedoch noch eine weitere, oft übersehene Dimension der ethischen Verantwortung im Umgang mit künstlicher Intelligenz: die Frage nach der langfristigen Kontrolle. Je weiter sich diese Technologie entwickelt, desto unabhängiger und autonomer kann sie agieren. Das bedeutet, dass Unternehmen sich auch mit der Frage auseinandersetzen müssen, wie sie sicherstellen können, dass die Systeme, die sie schaffen, immer den Menschen dienen und nicht zu einer Gefahr werden. Die Kontrolle über intelligente Systeme darf niemals aus der Hand gegeben werden, auch wenn die Versuchung groß ist, diese Verantwortung an die Technik selbst zu delegieren.

Die Entwicklung und Nutzung intelligenter Systeme erfordert also ein hohes Maß an Weitsicht, Integrität und Verantwortungsbewusstsein. Führungskräfte stehen in der Pflicht, nicht nur die technologische Machbarkeit und den wirtschaftlichen Nutzen zu betrachten, sondern auch die ethischen Dimensionen in ihre Entscheidungen einzubeziehen. Der technologische Fortschritt darf nicht auf Kosten des Menschlichen gehen. Unternehmen, die diese Balance finden und bewahren, werden nicht nur erfolgreich, sondern auch respektiert und vertrauenswürdig sein. Es geht um mehr als nur um den Einsatz einer neuen Technologie – es geht um die Gestaltung einer Zukunft, die für alle Beteiligten lebenswert bleibt.

8. Die Zukunft der KI – Von der Effizienz zur Utopie

Abschnitt 1: Was wäre, wenn Arbeit nicht mehr notwendig wäre?

Stellen Sie sich eine Welt vor, in der der tägliche Gang zur Arbeit der Vergangenheit angehört. **Eine Welt, in der die Künstliche Intelligenz und autonome Roboter die gesamte Wertschöpfungskette** übernommen haben. Vom Anbau von Nahrungsmitteln über die Herstellung von Konsumgütern bis hin zu Dienstleistungen – Maschinen erledigen alles. Die Maschinen übernehmen nicht nur einfache, repetitive Tätigkeiten, sondern auch hochkomplexe Aufgaben, die heute noch spezialisierte menschliche Arbeitskräfte erfordern. In dieser Welt betreten Menschen einfach ein Geschäft, nehmen sich das, was sie benötigen, und verlassen es wieder – ohne zu bezahlen, ohne zu handeln, und ohne den Gedanken an Geld. Geld ist in dieser Gesellschaft ein überholtes Konzept, da der Wert von Arbeit und Produktion durch die Automatisierung nahezu gegen null gesunken ist.

Können Sie sich diese Welt vorstellen? Eine Welt, in der der Begriff „Arbeit" seine Bedeutung verloren hat und Menschen ihre Zeit nicht mehr damit verbringen müssen, ihren Lebensunterhalt zu verdienen. Die Vorstellung mag auf den ersten Blick verlockend erscheinen: **endlose Freizeit, kreative Freiheit und der Wegfall des Drucks, in einem Wettbewerb um wirtschaftliche Ressourcen zu stehen.** Doch sobald man tiefer in dieses Szenario eintaucht, entstehen fundamentale Fragen, die diese scheinbar paradiesische Vision in ein komplexes, wenn nicht sogar beunruhigendes Licht rücken. Ist dies wirklich eine Utopie, oder lauert unter der Oberfläche die Gefahr einer Dystopie, die den Menschen seiner Bedeutung und seiner Identität beraubt?

Der Gedanke, in einer Welt ohne Jobs zu leben, lässt sofort die Frage aufkommen, **wie sich die soziale Struktur verändern würde.** Viele unserer täglichen Routinen, zwischenmenschlichen Beziehungen und sogar unser Selbstwertgefühl basieren darauf, eine sinnvolle Tätigkeit auszuführen. Arbeit strukturiert unser Leben, gibt uns eine Richtung und einen Platz in der Gesellschaft. Wenn Arbeit nicht mehr notwendig ist – worauf basiert dann der menschliche Sinn? Was gibt uns in einer solchen Welt noch eine Identität?

In einer Welt ohne Arbeit könnte sich der Lebensalltag radikal verändern. Die traditionelle 40-Stunden-Arbeitswoche, wie wir sie heute kennen, wäre ein Relikt der Vergangenheit. **Zeit könnte zu einer völlig neuen Dimension des menschlichen Lebens werden.** Ohne die Verpflichtung, zur Arbeit zu gehen, hätten die Menschen unendliche Zeit, um sich selbst zu verwirklichen. Doch was würden die Menschen mit all dieser Zeit anfangen? Es ist denkbar, dass einige Menschen diese neue Freiheit nutzen, um sich künstlerisch oder wissenschaftlich zu betätigen. Andere könnten den Fokus auf Selbstoptimierung, Bildung oder soziale Projekte legen. Aber wie sieht es mit denen aus, die sich nicht auf diese Art von Selbstverwirklichung fokussieren? **Würde Langeweile oder Apathie zur neuen Realität werden?**

Die große Frage, die sich in einer solchen Zukunft stellt, ist auch: **Würde sich das menschliche Verhalten verändern?** Die Beziehung zur Arbeit ist tief in den menschlichen Alltag und die sozialen Normen integriert. Ohne diese Verpflichtungen könnte der Mensch von seinen gesellschaftlichen Bindungen entfremdet werden. Statt durch Arbeit soziale Kontakte zu knüpfen und die eigene Identität zu stärken, könnten sich viele Menschen in dieser Welt verloren fühlen. Es ist durchaus möglich, dass eine Welt ohne Arbeit **zu einer Krise der Sinnstiftung** führen könnte, in der viele Menschen nach einem neuen Zweck suchen müssten, um sich selbst als wertvoll und integriert wahrzunehmen.

Und was wäre mit den Werten und Normen, die unsere Gesellschaft heute prägen? In einer Welt ohne Arbeit würde der **Wettbewerb um Ressourcen** – einer der zentralen Antriebskräfte des Kapitalismus – verschwinden. Wenn jeder das nehmen kann, was er benötigt, **ohne finanzielle Begrenzungen oder soziale Hürden**, könnten sich die sozialen Spannungen, die durch Ungleichheit entstehen, auflösen. Aber gleichzeitig könnte diese Freiheit, alles zu haben, auch die **Bedeutung des Besitzes** selbst verändern. In einer Welt, in der alles im Überfluss vorhanden ist und jeder Zugang zu denselben Gütern hat, könnte die Wertschätzung für Dinge schwinden. Die Frage lautet also: **Würde Überfluss in einer Welt ohne Arbeit zu einer Gleichgültigkeit gegenüber materiellen Dingen führen?**

Diese Überlegungen führen zu einer weiteren wichtigen Frage: **Was bedeutet es für die menschliche Psyche, wenn der existenzielle Druck verschwindet?** In unserer heutigen Welt motiviert uns die Arbeit nicht nur finanziell, sondern auch emotional. Sie gibt uns Ziele, treibt uns an und hilft uns, den nächsten Tag zu strukturieren. Ohne diese Notwendigkeit könnte der Mensch in einen Zustand der **passiven Existenz** verfallen, in dem Antriebslosigkeit und Orientierungslosigkeit zur Norm werden. Einige könnten die neu gewonnene Freiheit nutzen, um neue Lebensziele zu entdecken, während andere möglicherweise von der unendlichen Möglichkeit überwältigt werden, ohne klare

Struktur und Zielsetzung zu leben.

Letztlich stellen sich in einer Welt ohne Arbeit auch **ethische und philosophische Fragen**: Was bedeutet es, Mensch zu sein, wenn Arbeit – die Aktivität, die einen Großteil unseres Lebens bestimmt hat – nicht mehr notwendig ist? Ist der Mensch mehr als nur ein produktives Wesen? Und wie würde sich unser Konzept von Fortschritt und Wachstum verändern, wenn die traditionellen Maßstäbe von ökonomischem Erfolg nicht mehr relevant sind?

Dieses Kapitel wird die **möglichen gesellschaftlichen Auswirkungen** einer KI-dominierten Zukunft untersuchen, in der Arbeit nicht mehr erforderlich ist. Dabei beleuchte ich sowohl die Chancen – wie die Befreiung des Menschen von repetitiven Aufgaben und die Möglichkeit zur Selbstverwirklichung – als auch die Herausforderungen, die mit einer Welt ohne Jobs einhergehen könnten. Denn was auf den ersten Blick wie eine Utopie erscheinen mag, birgt bei genauerer Betrachtung eine Vielzahl von offenen Fragen und potenziellen Konflikten, die es zu lösen gilt, bevor diese Zukunft Realität werden kann.

Eine der größten Herausforderungen in einer Welt ohne Arbeit wäre der **Verlust von Struktur und Sinn**, die Arbeit im Leben vieler Menschen stiftet. Arbeit ist nicht nur eine Möglichkeit, den Lebensunterhalt zu verdienen – sie gibt dem Alltag einen Rhythmus, eine Routine und einen festen Platz im sozialen Gefüge. In einer Welt, in der Arbeit keine Notwendigkeit mehr ist, könnten Menschen in eine tiefgreifende **existenzielle Krise** stürzen. Es stellt sich die Frage: **Wer sind wir ohne unsere Arbeit?**

Stellen Sie sich vor, eine Person, die ihr ganzes Leben als Handwerker, Lehrer oder Angestellter gearbeitet hat, sieht plötzlich, dass ihre

Fähigkeiten durch Maschinen ersetzt wurden. Diese Person wacht morgens auf und hat keine Aufgabe mehr, keine Notwendigkeit, den Tag zu strukturieren, und kein Ziel, auf das sie hinarbeiten kann. Was geschieht mit der psychischen Gesundheit in einer Gesellschaft, in der der Großteil der Bevölkerung keine „sinnvolle" Arbeit mehr leisten muss? Die Risiken sind vielfältig: **Apathie, Depression und sozialer Rückzug** könnten weit verbreitet sein, da Arbeit nicht nur Einkommen, sondern auch Identität und sozialen Status verleiht.

Das Gefühl der Entfremdung könnte sich verstärken, wenn Menschen feststellen, dass sie keinen echten Beitrag mehr zur Gesellschaft leisten. Die Frage, „Wie trage ich zum Wohlstand der Gesellschaft bei?", wäre schwerer zu beantworten. Arbeit ist oft ein zentraler Bestandteil der menschlichen Selbstdefinition. Wenn diese verschwindet, könnten viele Menschen den Sinn und die Richtung in ihrem Leben verlieren.

Die psychologische Dimension des Strukturverlusts

Die psychologischen Auswirkungen einer Welt ohne Arbeit wären tiefgreifend. Arbeit bietet nicht nur Struktur, sondern gibt Menschen auch **Selbstwertgefühl und Stolz**. Wenn Menschen plötzlich ohne Arbeit sind, könnten sie das Gefühl haben, dass sie überflüssig geworden sind, dass ihr Beitrag zur Welt nicht mehr benötigt wird. Dies könnte zu einem Gefühl der Nutzlosigkeit führen, was in vielen Fällen in Depressionen und einem Verlust des Selbstwertgefühls münden könnte.

Darüber hinaus spielt Arbeit eine zentrale Rolle in der **sozialen Identität** eines Menschen. In Gesprächen oder gesellschaftlichen Zusammenkünften lautet oft eine der ersten Fragen: „Was machst du beruflich?" Diese Frage ist in unserer Gesellschaft tief verankert, weil sie uns hilft, Menschen einzuordnen und ihren Platz im sozialen

Gefüge zu verstehen. Wenn Arbeit verschwindet, verschwindet auch diese zentrale Grundlage der Selbstdefinition. Menschen könnten sich fragen: **„Wer bin ich eigentlich, wenn ich keinen Job mehr habe?"**

Dieser Verlust an sozialer Identität könnte zu einer zunehmenden **Vereinsamung** führen. Soziale Kontakte, die bisher am Arbeitsplatz geknüpft wurden, würden in einer Welt ohne Arbeit möglicherweise weniger intensiv und zahlreich sein. Der tägliche Austausch mit Kollegen und die sozialen Netzwerke, die durch Arbeit entstehen, würden nicht mehr dieselbe Bedeutung haben, was den Rückzug vieler Menschen aus dem öffentlichen Leben begünstigen könnte.

Die Möglichkeit eines kreativen Aufbruchs

Auf der anderen Seite könnte eine Welt ohne Arbeit auch **viele Chancen** bieten. Ohne den Druck, den Lebensunterhalt verdienen zu müssen, könnten Menschen ihre Zeit in kreative, intellektuelle oder spirituelle Aktivitäten investieren. Kunst, Musik, Literatur und Philosophie könnten einen neuen Aufschwung erleben, da Menschen mehr Freiraum hätten, sich diesen Aktivitäten zu widmen. Es wäre möglich, dass wir in einer Welt ohne Arbeit eine neue **Renaissance der Kreativität und des Denkens** erleben.

Stellen Sie sich eine Welt vor, in der Menschen frei sind, ihre **Leidenschaften** und **Talente** zu entdecken und zu verfolgen, ohne durch ökonomische Zwänge eingeschränkt zu werden. In dieser Utopie könnte sich jeder der Kunst, den Wissenschaften oder der philosophischen Reflexion widmen. Menschen, die sich bisher aufgrund finanzieller Notwendigkeiten nicht die Zeit nehmen konnten, sich künstlerisch oder intellektuell zu betätigen, hätten nun die Freiheit, dies zu tun.

Aber auch hier gibt es Herausforderungen: **Kreativität erfordert oft Disziplin und Struktur**, und nicht jeder Mensch ist in der Lage, ohne äußere Anreize oder Verpflichtungen produktiv zu sein. Es könnte sein, dass viele Menschen, die plötzlich ohne Arbeit sind, Schwierigkeiten haben, diese neue Freiheit sinnvoll zu nutzen. Die Frage bleibt also: **Sind wir als Gesellschaft bereit für diese Art von Freiheit?**

Neue Formen der sozialen Interaktion

In einer Welt ohne Arbeit könnten sich auch neue Formen der **sozialen Interaktion und Zusammenarbeit** entwickeln. Ohne die Zwänge des Arbeitslebens könnten Menschen mehr Zeit mit **gemeinschaftlichen Projekten** oder **freiwilliger Arbeit** verbringen. Dies könnte das soziale Gefüge in einer positiven Weise verändern, da Menschen sich stärker auf gemeinschaftliche Werte und gemeinsame Ziele konzentrieren könnten, anstatt den Fokus auf individuelle Karriereziele zu legen.

Eine Gesellschaft ohne Arbeit könnte auf **Kollaboration und gegenseitiger Unterstützung** aufbauen. Gemeinschaftsprojekte, die dem Gemeinwohl dienen, könnten in den Vordergrund treten. Menschen könnten sich zusammentun, um soziale oder ökologische Probleme zu lösen, anstatt in einem ständigen Wettbewerb miteinander zu stehen. Eine Welt, in der der Druck des Kapitalismus nachlässt, könnte eine neue Form von **Gemeinschaftlichkeit** schaffen.

Jedoch könnte diese neue soziale Ordnung auch **Konflikte** hervorrufen. Menschen, die es gewohnt sind, ihre sozialen Beziehungen über ihre Arbeit zu definieren, könnten Schwierigkeiten haben, sich in diese neue, arbeitsfreie Gesellschaft einzufügen. Es besteht die Möglichkeit, dass Menschen, die mit dem Verlust ihrer beruflichen Identität nicht zurechtkommen, sich in parallelen sozialen Strukturen organisieren, was zu einer Art **Spaltung der Gesellschaft** führen könnte: eine Gruppe von Menschen, die ihre neue Freiheit nutzt, und eine andere, die mit dem Verlust ihres bisherigen Lebensstils kämpft.

Die Frage nach dem Sinn – Ein philosophisches Dilemma

Am Ende stellt sich die Frage, ob der Mensch in einer Welt ohne Arbeit überhaupt in der Lage ist, **neue Formen von Sinn** zu finden. Arbeit ist seit Jahrhunderten ein zentraler Bestandteil menschlichen Lebens. Nicht nur im modernen Kapitalismus, sondern auch in traditionellen Gesellschaften war die Arbeit ein bedeutender Teil der sozialen Struktur. Wenn diese wegfällt, müssen wir als Gesellschaft völlig neu über den Sinn des Lebens nachdenken.

Es könnte sein, dass Menschen gezwungen sind, neue Formen von Sinn und Identität zu entwickeln, die nicht auf Arbeit basieren. Das könnte bedeuten, dass wir uns wieder stärker auf philosophische oder spirituelle Werte konzentrieren müssen, um den Verlust der Arbeit als sinnstiftendes Element zu kompensieren. Diese philosophische Reflexion könnte eine tiefere und bedeutendere Gesellschaft schaffen, aber der Weg dorthin wäre nicht ohne Herausforderungen.

Ein weiterer zentraler Aspekt dieser Zukunft ist das Bildungssystem. In einer Welt, in der Künstliche Intelligenz und Maschinen die meiste Arbeit erledigen, stellt sich eine tiefgreifende Frage: **Wofür bilden wir uns überhaupt aus?** In der heutigen Gesellschaft verfolgt Bildung primär das Ziel, Menschen auf das Berufsleben vorzubereiten, sie mit den nötigen Fähigkeiten auszustatten und ihnen die Möglichkeit zu geben, aktiv zur wirtschaftlichen und sozialen Entwicklung beizutragen. Doch was passiert, wenn diese Berufe durch Maschinen ersetzt werden? In dieser neuen Ära der Automatisierung könnte sich die Rolle der Bildung grundlegend verändern.

Abschnitt 3: Bildung ohne ökonomischen Druck: Der Wandel der Ziele

Bildung war schon immer stark mit der Vorbereitung auf das Arbeitsleben verknüpft. Schüler und Studierende werden in der Regel auf konkrete Fähigkeiten und Kenntnisse trainiert, die in der Arbeitswelt gefragt sind. Von Mathematik und Naturwissenschaften über technische Fertigkeiten bis hin zu wirtschaftlichem Denken – all das dient einem primären Zweck: Menschen sollen „funktionieren" und einen Beitrag zur Wirtschaft leisten.

In einer Welt, in der Maschinen und KI die Hauptlast dieser Arbeit übernehmen, wird dieser Zweck jedoch fragwürdig. **Wenn Arbeit nicht mehr nötig ist**, könnte Bildung zu einem rein intellektuellen oder künstlerischen Akt werden – losgelöst von ökonomischen Notwendigkeiten. Das Hauptziel der Bildung würde sich von der Vermittlung marktfähiger Kompetenzen hin zur **Persönlichkeitsentwicklung** und **Horizonterweiterung** verschieben. Anstelle von „nützlichen" Fächern könnte der Fokus vermehrt auf Philosophie, Kunst, Musik, Ethik und kreativen Wissenschaften liegen. Diese Disziplinen könnten dazu beitragen, dass Menschen ein tieferes Verständnis von sich selbst und der Welt entwickeln, anstatt nur auf wirtschaftliche Leistung zu zielen.

Ein solches Bildungssystem könnte weitaus **freier** und **selbstbestimmter** sein. Studierende würden nicht mehr lernen, um später einen Job zu finden, sondern um **sich selbst zu entdecken**, neue Perspektiven zu entwickeln und ein Verständnis für globale, kulturelle und soziale Zusammenhänge zu gewinnen. Bildung würde mehr als je zuvor darauf abzielen, kritisches Denken, soziale Empathie und interkulturelles Verständnis zu fördern. Themen wie Klimawandel, soziale Gerechtigkeit oder das Streben nach einer nachhaltigen Zukunft könnten im Zentrum der Lehrpläne stehen, da der wirtschaftliche Nutzen von Bildung in den Hintergrund tritt.

Die Rolle von KI im Bildungssystem

Gleichzeitig wird die Künstliche Intelligenz selbst eine zentrale Rolle im Bildungssystem spielen. Traditionelle Klassenzimmermodelle, in denen alle Schüler zur gleichen Zeit denselben Lehrstoff durchlaufen, wären veraltet. In einer **KI-gesteuerten Bildungslandschaft** könnten intelligente Lernsysteme **personalisierte Bildungspläne** erstellen, die auf die Interessen, Talente und Bedürfnisse jedes Einzelnen zugeschnitten sind. Diese Systeme würden auf Algorithmen des maschinellen Lernens basieren, die in der Lage sind, Lernfortschritte kontinuierlich zu analysieren und den Lehrplan entsprechend anzupassen. Anstatt von standardisierten Prüfungen und einem „one-size-fits-all"-Ansatz würden die Lernenden von einer hochgradig individualisierten und flexiblen Bildung profitieren.

Stellen Sie sich eine Welt vor, in der jeder Schüler und jede Schülerin einen eigenen **KI-gestützten Tutor** hat. Dieser Tutor ist ständig präsent, überwacht den Lernprozess, gibt sofortiges Feedback und passt die Lerninhalte in Echtzeit an. Dabei werden nicht nur die kognitiven Fortschritte berücksichtigt, sondern auch emotionale und soziale Faktoren, wie Stresslevel oder individuelle Lernpräferenzen. **KI könnte erkennen, wann ein Lernender überfordert ist** oder zusätzliche Unterstützung benötigt, und den Lernstoff entsprechend anpassen.

In einer solchen Zukunft würde die klassische Lehrerrolle nicht mehr darin bestehen, Wissen frontal zu vermitteln, sondern sich stärker in eine **mentorenartige Funktion** verwandeln. Lehrer würden als Berater, Begleiter und Inspiratoren fungieren, die den Lernprozess betreuen und unterstützen, während die eigentliche Wissensvermittlung durch KI-Systeme erfolgt. Dies könnte zu einer intensiveren und qualitativ hochwertigeren Lernumgebung führen, da Lehrkräfte sich auf die emotionalen und sozialen Bedürfnisse der Schüler konzentrieren können, anstatt starr einem Lehrplan zu folgen.

Bildung als Spielwiese für Kreativität und Innovation

Ein weiteres faszinierendes Potenzial in einer KI-gesteuerten Utopie ist die Möglichkeit, Bildung als **Spielwiese für Kreativität und Innovation** zu sehen. Wenn der wirtschaftliche Druck wegfällt, könnten Lernende ermutigt werden, neue Ideen, Konzepte und Technologien zu erforschen, ohne Angst vor dem Scheitern zu haben. Experimentelle Ansätze, interdisziplinäre Projekte und unkonventionelle Denkansätze würden in den Mittelpunkt rücken. **Kreativität** würde nicht mehr als eine „Zusatzkompetenz" behandelt, sondern könnte der Kern der Bildungsbemühungen werden.

In dieser Zukunft könnte Bildung einen stärkeren Fokus auf **projektbasiertes Lernen** legen, bei dem Schüler und Studierende reale Probleme lösen, anstatt nur theoretisches Wissen anzuhäufen. Diese Projekte könnten in enger Zusammenarbeit mit KI-Systemen durchgeführt werden, die dabei helfen, Daten zu analysieren, Simulationen zu erstellen und Lösungsansätze zu entwickeln. Stellen Sie sich vor, Schüler entwickeln eigene KI-Systeme, um soziale oder ökologische Probleme zu lösen, indem sie die neuesten Technologien nutzen, um praktische, greifbare Ergebnisse zu erzielen. Das wäre eine Form der Bildung, die weit über das hinausgeht, was wir heute als „Lernen" verstehen.

Gefahren einer KI-gesteuerten Bildung: Verlust menschlicher Aspekte?

Obwohl die Vorteile einer solchen Utopie offensichtlich sind, gibt es auch einige potenzielle **Gefahren**. Eine rein KI-gesteuerte Bildung könnte dazu führen, dass wichtige menschliche Aspekte des Lernens, wie soziale Interaktionen, Empathie oder emotionale Intelligenz, in den Hintergrund gedrängt werden. Wenn Lernende überwiegend mit Maschinen interagieren und von Algorithmen geleitet werden, besteht die Gefahr, dass der **menschliche Kontakt und die zwischenmenschliche Kommunikation** vernachlässigt werden. Lernen ist nicht nur ein kognitiver, sondern auch ein sozialer Prozess. Menschen lernen durch Austausch, Diskussion und Zusammenarbeit mit anderen – Aspekte, die in einer KI-gestützten Bildungslandschaft möglicherweise an Bedeutung verlieren könnten.

Zudem stellt sich die Frage, inwieweit KI-Systeme in der Lage sind, **kreatives und kritisches Denken** zu fördern. KI kann zwar Wissen vermitteln und analytische Fähigkeiten trainieren, doch bleibt fraglich, ob Maschinen in der Lage sind, Lernende dazu zu ermutigen, eigenständig zu denken und innovative Lösungsansätze zu finden. In einer Welt, in der KI die Wissensvermittlung dominiert, könnte es zu einer **Verarmung der kreativen Fähigkeiten** kommen, da Maschinen in der Regel dazu neigen, auf bereits bestehende Daten und Modelle zurückzugreifen.

Bildung neu denken

In einer KI-Utopie wird Bildung eine völlig neue Rolle spielen. Sie wird weniger von ökonomischen Zielen getrieben und könnte sich verstärkt auf die **Entwicklung des Individuums** konzentrieren, sowohl intellektuell als auch emotional. Dabei wird KI nicht nur ein Werkzeug zur Wissensvermittlung, sondern auch ein Partner, der den Lernprozess revolutioniert. Doch es bleibt entscheidend, dass in dieser neuen Bildungslandschaft der **menschliche Faktor** nicht verloren geht und dass Bildung weiterhin auf die Förderung sozialer, kreativer und empathischer Fähigkeiten abzielt.

Gesundheitsversorgung in einer automatisierten Zukunft

In einer vollautomatisierten Zukunft könnte das Gesundheitswesen eine der Branchen sein, die am stärksten von Künstlicher Intelligenz und Automatisierung profitieren. Schon heute sehen wir, wie KI die Medizin verändert, indem sie Diagnosen schneller und präziser stellt als Menschen, Behandlungspläne optimiert und sogar komplexe chirurgische Eingriffe unterstützt. Doch in einer Welt, in der Arbeit keine Rolle mehr spielt und alle Prozesse automatisiert sind, könnte das Gesundheitswesen eine ganz neue Dimension erreichen. Die Vision einer universellen, KI-gesteuerten Gesundheitsversorgung bringt sowohl immense Chancen als auch erhebliche ethische Herausforderungen mit sich.

KI-gestützte Diagnosen und Früherkennung – Präziser und schneller als je zuvor

In einer automatisierten Gesundheitszukunft könnte **KI-basierte Diagnostik** den Großteil der diagnostischen Arbeit übernehmen. Der Einsatz von KI in der Analyse von medizinischen Bildern, genetischen Daten und Patientenakten würde es ermöglichen, Krankheiten frühzeitig zu erkennen – oft noch bevor Symptome auftreten. Diese Früherkennung ist der Schlüssel zu einer präventiven Gesundheitsversorgung, bei der potenziell tödliche Krankheiten wie Krebs, Herz-Kreislauf-Erkrankungen oder neurodegenerative Krankheiten wie Alzheimer viel früher behandelt werden können, als es mit herkömmlichen Methoden möglich wäre.

Beispielsweise könnte eine KI in Echtzeit Gesundheitsdaten aus tragbaren Geräten wie **Wearables** oder implantierten Sensoren sammeln und kontinuierlich überwachen. Der **kontinuierliche Gesundheitszustand** eines jeden Menschen wäre somit jederzeit verfügbar, was Ärzten und Patienten erlaubt, sofort auf Abweichungen oder frühe Anzeichen von Krankheiten zu reagieren. Ein solches System würde nicht nur Leben retten, sondern auch die Gesundheitskosten drastisch senken, da viele teure Behandlungen vermieden werden könnten, indem Krankheiten im Frühstadium gestoppt werden.

Ein **konkretes Beispiel** dafür ist die Forschung an KI-Modellen, die in der Lage sind, Brustkrebs in Mammografien mit einer höheren Genauigkeit als erfahrene Radiologen zu erkennen. Diese KIs analysieren Millionen von Bilddaten und entwickeln Mustererkennungsfähigkeiten, die weit über die menschlichen Fähigkeiten hinausgehen. Mit der Zeit und durch das ständige Training auf neuen Daten verbessert sich die Genauigkeit der Systeme weiter. In einer Zukunft ohne Jobs könnten diese Systeme global verfügbar sein und in Kombination mit anderen Technologien ein enormes Potenzial für die Verbesserung der menschlichen Gesundheit entfalten.

Robotergestützte Chirurgie – Präzision ohne Fehler

Ein weiterer Bereich, in dem KI bereits heute eine wichtige Rolle spielt und der in einer automatisierten Zukunft möglicherweise den Standard darstellt, ist die **robotergestützte Chirurgie**. Roboterchirurgen wie **Da Vinci** sind bereits im Einsatz und helfen bei Operationen, die außergewöhnliche Präzision erfordern, etwa bei minimalinvasiven Eingriffen. Diese Roboter sind nicht nur in der Lage, die Hände eines Chirurgen zu führen, sondern könnten in Zukunft vollständig autonome Operationen durchführen.

In einer Welt, in der Roboterchirurgen Routineeingriffe durchführen, könnten Operationen zu einem risikoärmeren und weit verbreiteten Verfahren werden. Roboter, die nie müde werden, keine Fehler aufgrund von Erschöpfung oder Stress machen und Daten in Echtzeit analysieren, um chirurgische Entscheidungen zu treffen, könnten komplexe Operationen besser durchführen als menschliche Chirurgen. Sie könnten millimetergenaue Schnitte setzen und den Patienten dabei weniger Trauma zufügen, was schnellere Heilungszeiten und bessere Ergebnisse zur Folge hätte.

Auch in der Notfallversorgung könnten robotergestützte Systeme helfen, Patienten zu stabilisieren, indem sie automatisch die lebensrettendsten Maßnahmen durchführen, bevor menschliche Ärzte eintreffen. Solche Systeme könnten nicht nur in Krankenhäusern eingesetzt werden, sondern auch in mobilen Einheiten oder sogar in den Haushalten der Menschen.

Personalisierte Medizin durch genetische Analyse

Einer der aufregendsten Bereiche der KI in der Medizin ist die Entwicklung der **personalisierten Medizin**. KI könnte in einer Zukunft, in der Arbeit keine Rolle mehr spielt, genetische Daten auf eine Weise analysieren, die es ermöglicht, individuelle Behandlungspläne für jeden Patienten zu erstellen. Diese Behandlungspläne würden nicht mehr auf Durchschnittswerte der Bevölkerung basieren, sondern auf den spezifischen genetischen Merkmalen des Einzelnen.

In Kombination mit **Gen-Editing-Technologien** wie CRISPR könnte KI die Erstellung maßgeschneiderter Therapien für jeden Menschen unterstützen. In einer automatisierten Zukunft könnte dies zu einem Paradigmenwechsel führen, bei dem genetische Krankheiten nicht mehr nur behandelt, sondern komplett beseitigt werden könnten. Stellen Sie sich vor, dass jede Person bereits bei der Geburt einen genetischen „Gesundheitsfahrplan" erhält, der präventiv Maßnahmen vorschlägt und genetische Anpassungen durchführt, um das Risiko von Krankheiten im Laufe des Lebens zu minimieren.

Die ethischen Fragen, die sich daraus ergeben, sind jedoch erheblich. Wer entscheidet, welche genetischen Veränderungen akzeptabel sind und welche nicht? Wie gehen wir mit der Tatsache um, dass diese Technologien möglicherweise nicht für alle zugänglich sind? Dies sind nur einige der vielen Herausforderungen, die auf uns zukommen, wenn KI die personalisierte Medizin weiter vorantreibt.

KI und mentale Gesundheit – Präventive Maßnahmen durch emotionale Analyse

Ein oft übersehener Bereich im Gesundheitswesen, der durch KI ebenfalls radikal verändert werden könnte, ist die **mentale Gesundheit**. In einer automatisierten Zukunft könnten KI-Systeme nicht nur körperliche, sondern auch emotionale Zustände überwachen und frühzeitig eingreifen, wenn Anzeichen von Depressionen, Angststörungen oder anderen psychischen Problemen auftreten. **KI-gestützte Therapeuten** könnten in der Lage sein, präventive Maßnahmen zu ergreifen, bevor sich mentale Gesundheitsprobleme verschlimmern.

Mit Hilfe von **Spracherkennungssoftware** und **Gesichtserkennungsalgorithmen** könnte KI die Stimmung eines Menschen analysieren, selbst wenn dieser versucht, seine Emotionen zu verbergen. Diese Daten könnten verwendet werden, um Menschen zu helfen, die oft Schwierigkeiten haben, ihre Gefühle auszudrücken oder sich professionelle Hilfe zu suchen. In Kombination mit präventiven

Programmen könnte dies zu einer Reduzierung der Suizidrate und einer allgemeinen Verbesserung der psychischen Gesundheit führen.

Ein solches System könnte jedoch auch kontrovers sein. **Was passiert mit den gesammelten Daten?** Würden diese Informationen missbraucht werden, um Menschen zu überwachen und zu kontrollieren? Der Balanceakt zwischen präventiver Gesundheitsversorgung und dem Schutz der Privatsphäre wäre eine der größten ethischen Herausforderungen in einer solchen Welt.

Ethik und Kontrolle der KI-gesteuerten Gesundheitsversorgung

Die Vision einer vollständig automatisierten und KI-gestützten Gesundheitsversorgung wirft zahlreiche **ethische Fragen** auf. Wer kontrolliert die Systeme, die unsere Gesundheit überwachen? Wer entscheidet, welche Daten gesammelt werden und wie sie verwendet werden? In einer Welt, in der KI unsere Gesundheitsversorgung bestimmt, könnten einige wenige Unternehmen oder Regierungen die Macht haben, über das Wohl und Wehe der Menschheit zu entscheiden.

Diese Konzentration von Macht könnte potenziell gefährlich sein, wenn sie nicht durch strenge Regularien und internationale Abkommen überwacht wird. Zudem stellt sich die Frage, wie wir verhindern können, dass **algorithmische Verzerrungen** in die Gesundheitsversorgung eindringen. Was passiert, wenn KI-Systeme bestimmte Bevölkerungsgruppen diskriminieren, sei es aufgrund von unvollständigen Datensätzen oder unbeabsichtigten Vorurteilen im Algorithmus?

Es wäre entscheidend, dass Menschen weiterhin die Kontrolle über KI-Systeme behalten und sicherstellen, dass sie transparent und fair agieren. **Regierungen, Aufsichtsbehörden und internationale Organisationen** müssten Mechanismen entwickeln, die sicherstellen, dass KI-Systeme im Gesundheitswesen im Interesse aller Menschen arbeiten und nicht nur im Interesse weniger mächtiger Akteure.

Soziale Interaktionen und Beziehungen in einer Welt ohne Jobs

In einer Welt, in der Arbeit keine zentrale Rolle mehr spielt, werden die sozialen Strukturen und die Art und Weise, wie Menschen miteinander interagieren, tiefgreifend verändert. Heute sind viele unserer sozialen Netzwerke eng mit der Arbeitswelt verbunden. Freundschaften, Kollegenkreise und sogar familiäre Beziehungen werden oft durch den Kontext der Arbeit geformt und aufrechterhalten. Menschen verbringen einen erheblichen Teil ihres Lebens am Arbeitsplatz und pflegen dort enge Verbindungen, die ihre persönliche Identität und ihren sozialen Status mitbestimmen. Wenn diese beruflichen Netzwerke wegfallen, stellt sich die Frage: Wie werden soziale Bindungen und Beziehungen in einer Welt ohne Arbeit aussehen?

Neue Gemeinschaften und soziale Netzwerke

Eine Möglichkeit besteht darin, dass Menschen beginnen, neue Formen von Gemeinschaften zu schaffen, die sich nicht mehr auf berufliche Netzwerke stützen, sondern auf gemeinsame Interessen, Hobbys und kreative Projekte. In einer Welt ohne Jobs könnten kulturelle und soziale Aktivitäten, die früher oft durch Zeitmangel in den Hintergrund gedrängt wurden, eine bedeutende Rolle einnehmen. Gemeinschaften könnten sich rund um künstlerische Projekte, Bildungsinitiativen oder soziale und umweltpolitische Anliegen bilden. Menschen hätten mehr Zeit und Energie, um sich gesellschaftlichen Herausforderungen zu widmen, und könnten dabei soziale Netzwerke aufbauen, die auf echter Verbundenheit und gemeinsamen Werten beruhen.

In dieser neuen Realität wäre es denkbar, dass sich Kollektive von Gleichgesinnten bilden, die zusammen an kreativen, wissenschaftlichen oder sozialen Projekten arbeiten. Diese Gruppen könnten lokale oder globale Gemeinschaften formen, die stärker auf gemeinsame Ziele und Ideale ausgerichtet sind als auf wirtschaftliche Interessen. Veranstaltungen, Workshops und kollaborative Räume könnten zu den neuen sozialen Knotenpunkten werden, an denen Menschen zusammenkommen, um sich auszutauschen, Ideen zu entwickeln und gemeinsam an Projekten zu arbeiten. Statt beruflicher Netzwerke, die oft durch Konkurrenz und Hierarchien geprägt sind, könnten diese neuen sozialen Räume von Kooperation und Solidarität dominiert werden.

Ein Beispiel hierfür wäre die Möglichkeit von kulturellen Austauschplattformen oder gemeinschaftsorientierten Projekten wie urbanen Gärten oder lokalen Künstlerkollektiven. Solche Initiativen könnten Menschen zusammenbringen, die nicht mehr durch Arbeit, sondern durch ihre Leidenschaften und Interessen verbunden sind. Gemeinschaften könnten sich auch verstärkt in den Bereichen Bildung und Wissenschaft engagieren, wo Menschen die Zeit und Ressourcen haben, neue Wissensgebiete zu erschließen oder ihre Fähigkeiten in kreativen und intellektuellen Projekten zu erweitern.

Herausforderungen: Einsamkeit und soziale Isolation

Doch nicht alle Menschen würden in einer solchen Welt automatisch den Übergang von beruflichen zu nicht-beruflichen sozialen Netzwerken schaffen. Ein erheblicher Teil der heutigen sozialen Interaktionen ist eng an den Arbeitsalltag gebunden, und der Verlust dieser Struktur könnte für viele Menschen zu einer Vereinsamung führen. Arbeit bietet nicht nur finanzielle Sicherheit, sondern oft auch eine soziale Identität und einen täglichen Rahmen, der den Kontakt zu anderen Menschen fördert. Ohne die tägliche Interaktion mit Kollegen und Geschäftspartnern könnten viele Menschen Schwierigkeiten haben, neue soziale Netzwerke zu finden.

Ein zentraler Punkt ist, dass Arbeit oft der soziale Anker ist, der den Tagesablauf strukturiert und soziale Bindungen ermöglicht. Ohne diesen Anker besteht die Gefahr, dass Menschen sich isolierter fühlen und der Mangel an zwischenmenschlichen Interaktionen zu einem Rückzug in die eigene Isolation führt. Besonders gefährdet könnten ältere Menschen oder solche sein, deren soziales Netzwerk stark auf beruflichen Beziehungen basiert. Diese Menschen könnten Schwierigkeiten haben, sich in den neuen, nicht-arbeitsbasierten Gemeinschaften zurechtzufinden.

Soziale Medien könnten diese Isolation verstärken. Schon heute neigen viele Menschen dazu, soziale Medien als Ersatz für echte zwischenmenschliche Interaktionen zu verwenden. In einer Welt ohne Arbeit könnte dieser Trend weiter zunehmen, da Menschen in virtuelle Welten und soziale Netzwerke abtauchen, anstatt physische Kontakte zu pflegen. Studien haben gezeigt, dass die exzessive Nutzung von sozialen Medien oft zu einem Gefühl der Isolation und Einsamkeit führt, obwohl sie auf den ersten Blick soziale Interaktionen ermöglichen. Die Gefahr besteht darin, dass die Qualität der sozialen Interaktionen in dieser zukünftigen Welt sinkt, während die Quantität von oberflächlichen, virtuellen Beziehungen zunimmt.

Potenzielle Lösungen: Neue soziale Normen und Infrastrukturen

Um diesen Herausforderungen zu begegnen, könnte die Gesellschaft neue soziale Normen und Infrastrukturen entwickeln, um die Vereinsamung zu verhindern und sinnvolle soziale Beziehungen zu fördern. Eine Möglichkeit wäre die Schaffung von sozialen Räumen oder Treffpunkten, an denen Menschen regelmäßig zusammenkommen können, um sich auszutauschen und Gemeinschaft zu erleben. Diese Räume könnten kulturelle oder intellektuelle Zentren sein, in denen Menschen an kreativen Projekten arbeiten, gemeinsame Interessen pflegen oder einfach nur soziale Interaktionen genießen.

Auch öffentliche Programme und Initiativen könnten eine Rolle spielen, um sicherzustellen, dass Menschen in einer arbeitsfreien Welt weiterhin Zugang zu sozialen Netzwerken und Gemeinschaften haben. Regierungen könnten Programme ins Leben rufen, die soziale Bildung, Kunst und Wissenschaft fördern, um Menschen die Möglichkeit zu geben, an diesen Bereichen aktiv teilzunehmen. Solche Programme könnten auf der Idee basieren, dass sozialer Zusammenhalt und die Pflege von Beziehungen in einer Welt ohne traditionelle Arbeit eine zentrale Rolle spielen.

Eine weitere Möglichkeit wäre die Etablierung von mentalen und sozialen Unterstützungsprogrammen, die Menschen helfen, mit der neuen Realität umzugehen. In einer Welt ohne Arbeit könnten psychologische Beratung und soziale Coaching-Programme wichtig werden, um Menschen bei der Anpassung an die neuen sozialen Strukturen zu unterstützen und Einsamkeit entgegenzuwirken.

Virtuelle Welten und digitale Gemeinschaften

In einer Welt ohne physische Arbeit könnte auch der digitale Raum zunehmend an Bedeutung gewinnen. Virtuelle Realitäten und Online-Gemeinschaften könnten zu zentralen sozialen Treffpunkten werden, in denen Menschen aus der ganzen Welt miteinander interagieren. Virtuelle Welten könnten neue Formen von sozialen Interaktionen ermöglichen, die nicht auf physischer Präsenz basieren, aber dennoch sinnvolle Verbindungen schaffen.

Es gibt bereits heute Beispiele, wie Online-Communities als Ersatz für physische soziale Netzwerke dienen können. Plattformen wie Discord, Reddit oder Second Life bieten digitale Räume, in denen Menschen zusammenkommen, um sich auszutauschen, Spiele zu spielen, oder an gemeinsamen Projekten zu arbeiten. In einer Zukunft, in der Arbeit keine zentrale Rolle mehr spielt, könnten diese virtuellen Räume noch an Bedeutung gewinnen und zu den neuen sozialen Treffpunkten der Welt ohne Jobs werden.

Gleichzeitig bleibt jedoch die Frage, ob solche virtuellen Beziehungen jemals die Qualität von echten, physischen Interaktionen ersetzen können. Während virtuelle Welten zweifellos neue Möglichkeiten bieten, besteht das Risiko, dass sie eine Oberflächlichkeit fördern, die es den Menschen erschwert, tiefere soziale Verbindungen zu knüpfen.

Politische und wirtschaftliche Machtverhältnisse in der KI-Utopie

In einer Welt, in der Maschinen die gesamte Wertschöpfung übernehmen, stellt sich die fundamentale Frage: **Wer kontrolliert die Ressourcen?** Wenn Künstliche Intelligenz die Produktion automatisiert und Menschen nicht mehr arbeiten müssen, könnte dies die bestehenden politischen und wirtschaftlichen Machtverhältnisse vollständig umkrempeln. In einem solchen Szenario verliert das klassische Konzept des Kapitals und der wirtschaftlichen Kontrolle an Bedeutung, weil die Produktivität nahezu grenzenlos und kostenlos wird. Doch dies eröffnet auch gefährliche Möglichkeiten für eine **Zentralisierung der Macht** und die **Manipulation der Ressourcenverteilung**.

Neue politische Strukturen und die Rolle des Staates

Zunächst könnte die **traditionelle Rolle des Staates** grundlegend neu definiert werden. In der heutigen Welt reguliert der Staat wirtschaftliche Prozesse, indem er Steuern erhebt, die Verteilung von Ressourcen steuert und rechtliche Rahmenbedingungen schafft, um den Markt zu regulieren. In einer KI-Utopie, in der alle Produktionsprozesse automatisiert und effizient sind, könnte der Staat eine weniger zentrale Rolle in der Wirtschaft spielen. Es wäre denkbar, dass der Staat nicht mehr als Kontrollinstanz über die Märkte agiert, sondern stattdessen durch **Algorithmen und automatisierte Systeme** ersetzt wird, die das wirtschaftliche Leben überwachen und steuern.

Diese Algorithmen könnten etwa die Produktion und Verteilung von Gütern regeln, basierend auf Daten über den Bedarf der Bevölkerung und unter Berücksichtigung ökologischer Faktoren. Dies könnte zu einer weitreichenden **Dezentralisierung** führen, bei der wirtschaftliche Prozesse autonom und transparent ablaufen, ohne dass menschliche Eingriffe notwendig sind. Doch diese Vision birgt auch erhebliche Risiken. Eine solche Abkehr von der staatlichen Kontrolle könnte es einer **kleinen Elite von Technologieunternehmen oder politischen Akteuren** ermöglichen, die Kontrolle über die KI-Systeme zu übernehmen und somit die gesamte Wirtschaft zu dominieren.

Macht und Ressourcenverteilung

Eine der zentralen Fragen in dieser KI-dominierten Utopie wäre die der **Ressourcenverteilung**. Während in der heutigen Gesellschaft Reichtum oft in den Händen weniger konzentriert ist, könnte eine KI-gesteuerte Zukunft theoretisch zu einer gerechteren Verteilung führen. Wenn KI und Roboter alle Produktionsprozesse übernehmen, werden Güter nahezu kostenlos, was theoretisch den Zugang zu diesen Ressourcen für alle Menschen gewährleisten könnte. Armut könnte in dieser Welt der Vergangenheit angehören, da Maschinen alle Grundbedürfnisse befriedigen könnten: Nahrung, Unterkunft,

Kleidung, Energie.

Doch hier liegt auch das große **Dilemma**: Wer entscheidet, wie diese Ressourcen verteilt werden? Werden Algorithmen so programmiert, dass sie eine gerechte und gleichmäßige Verteilung gewährleisten, oder besteht die Gefahr, dass **einige wenige Unternehmen oder Individuen** die Kontrolle über die KI-Systeme übernehmen und die Ressourcenverteilung zu ihren Gunsten manipulieren? In einer Welt, in der technologische Macht gleichbedeutend mit wirtschaftlicher und politischer Macht ist, könnte dies zu neuen Formen von **Ungleichheit** und **Machtmissbrauch** führen.

Wenn einige wenige Akteure die KI-Systeme steuern, die die globale Wirtschaft antreiben, könnte es zu einer Situation kommen, in der die Kontrolle über die Algorithmen mehr Wert ist als das eigentliche Kapital. Diese Konzentration von Macht könnte den Grundstein für eine neue Art von **Tech-Oligarchie** legen, in der die politische und wirtschaftliche Macht vollständig in den Händen derjenigen liegt, die die KI- und Automatisierungssysteme kontrollieren.

Globale Governance und der Schutz vor Machtmissbrauch

Eine mögliche Lösung für dieses Problem könnte in der Einführung einer **globalen Governance-Struktur** liegen. In einer vollständig KI-gesteuerten Welt könnte es notwendig sein, eine Art **globale Institution** zu schaffen, die die Entwicklung und den Einsatz von KI-Systemen überwacht und sicherstellt, dass die Macht nicht in den Händen weniger konzentriert wird. Diese globale Organisation könnte ähnlich wie die Vereinten Nationen agieren, mit dem Ziel, die gerechte Verteilung der von Maschinen produzierten Ressourcen zu gewährleisten und Missbrauch zu verhindern.

Doch auch hier gibt es Herausforderungen. Die Frage bleibt, **wer diese globale Institution kontrolliert** und wie die Entscheidungsprozesse ablaufen. Wenn KI für die Verwaltung von Ressourcen und die Steuerung der Weltwirtschaft zuständig ist, könnten Algorithmen selbst zu politischen Akteuren werden. Entscheidungen darüber, welche Algorithmen verwendet werden und wie sie programmiert werden, wären von entscheidender Bedeutung für die Zukunft der globalen Gesellschaft. Wer schreibt den Code, und wer überwacht die Algorithmen, die über das Wohlergehen der gesamten Menschheit entscheiden?

Transparenz und **ethische Leitlinien** wären in einem solchen System entscheidend. Algorithmen, die die Macht über Ressourcen und politische Entscheidungen haben, müssten offen und überprüfbar sein. Nur so könnte sichergestellt werden, dass sie nicht zum Vorteil einiger weniger agieren, sondern das Wohl der gesamten Bevölkerung im Auge behalten.

Die Gefahr der Algorithmischen Diktatur

Eine der dystopischen Möglichkeiten in dieser KI-dominierten Welt wäre die Schaffung einer **algorithmischen Diktatur**. In einem solchen Szenario könnten Algorithmen so programmiert sein, dass sie den Status quo zementieren und sicherstellen, dass die Machtstrukturen, die zu Beginn der KI-Revolution festgelegt wurden, niemals in Frage gestellt werden. Dies könnte dazu führen, dass soziale Mobilität nahezu unmöglich wird und dass die Macht in den Händen weniger „Algorithmus-Lords" konzentriert bleibt.

In einem solchen System könnten Bürger keinen Einfluss auf die Funktionsweise der KI-Systeme haben. Entscheidungen über den Zugang zu Ressourcen, die Steuerung von Produktionsprozessen und die politische Führung könnten vollständig von Algorithmen getroffen werden, die nicht hinterfragt oder angefochten werden können. **Demokratie, wie wir sie kennen**, könnte in einem solchen Szenario erodieren, da politische Macht zunehmend technokratischen Entscheidungen unterliegt.

Chancen und Risiken der KI-Utopie

Zusammenfassend lässt sich sagen, dass eine Welt, in der KI die gesamte Wertschöpfung übernimmt, sowohl immense **Chancen** als auch erhebliche **Risiken** birgt. Auf der einen Seite könnte eine solche Welt zu einer gerechteren Verteilung von Ressourcen und dem Ende von Armut führen. Auf der anderen Seite besteht die Gefahr, dass die Macht über die KI-Systeme in den Händen weniger konzentriert wird, was zu neuen Formen der Ungleichheit und des Machtmissbrauchs führen könnte.

Es wird entscheidend sein, wie diese Welt organisiert und kontrolliert wird. Werden Algorithmen transparent, fair und ethisch eingesetzt, oder nutzen einige wenige Akteure ihre Kontrolle über die KI, um die globale Gesellschaft zu dominieren? Die Zukunft der KI-Utopie hängt davon ab, **wie wir die Macht der Algorithmen gestalten** und wer die Kontrolle über diese neue technologische Realität hat.

9. KI-Ethik und Verantwortung in der Unternehmensführung

Die moralischen Fragen hinter der Technologie

Mit der zunehmenden Integration von Künstlicher Intelligenz in Unternehmensprozesse stellt sich eine Frage, die oft übersehen wird: **Wie gehen wir ethisch mit dieser Technologie um?** KI verspricht

Effizienzsteigerung, Produktivitätswachstum und eine drastische Veränderung unserer Arbeitsweise. Aber mit diesen Chancen kommen auch immense ethische Herausforderungen. Unternehmen, die KI in ihre Entscheidungsprozesse integrieren, tragen nicht nur die Verantwortung für den wirtschaftlichen Erfolg, sondern auch für die sozialen, rechtlichen und moralischen Auswirkungen, die ihre Technologien haben.

Ein Kernproblem bei der Implementierung von KI ist, dass die Algorithmen, die diese Systeme antreiben, oft wie eine **„Black Box"** funktionieren. Führungskräfte und Entscheidungsträger verstehen möglicherweise die genaue Funktionsweise der Algorithmen nicht, wissen aber, dass sie Ergebnisse liefern. Das führt zu einer gefährlichen Situation: Entscheidungen werden möglicherweise von Systemen getroffen, deren inneren Prozesse und logischen Schlüsse nur von einer Handvoll Technologen wirklich nachvollzogen werden können. **Die Verantwortung für diese Entscheidungen liegt jedoch weiterhin bei den Unternehmen.** Wenn also ein Algorithmus eine diskriminierende Entscheidung trifft oder persönliche Daten missbraucht werden, liegt die moralische und rechtliche Verantwortung bei der Führungsebene.

In dieser neuen Ära muss sich die Unternehmensführung **den moralischen Fragen** stellen, die hinter der Technologie stehen. **Was passiert, wenn die KI-Entscheidungen ethisch fragwürdig sind?** Unternehmen müssen sich darüber im Klaren sein, dass ihre KI-Systeme nicht nur nach den wirtschaftlich besten Entscheidungen handeln dürfen, sondern auch **ethischen Grundsätzen** folgen müssen. Dies erfordert die Etablierung klarer Richtlinien für den Umgang mit KI, die Schulung der Mitarbeiter und das ständige Überprüfen der eingesetzten Technologien auf ihre ethische Integrität.

Überwachung durch KI

Ein besonders brisantes Thema im Zusammenhang mit KI ist die **Überwachung**. Unternehmen setzen zunehmend auf KI-gesteuerte Systeme, um ihre Mitarbeiter, Kunden und Geschäftsprozesse zu überwachen. Dies kann sowohl vorteilhaft als auch riskant sein. Auf der einen Seite kann KI dazu beitragen, Arbeitsabläufe zu optimieren, ineffiziente Prozesse aufzudecken und potenzielle Probleme frühzeitig zu identifizieren. Auf der anderen Seite führt dies jedoch zu einer **Ausweitung der Überwachung**, die tief in das Privatleben von Mitarbeitern und Kunden eindringen kann.

Ein Beispiel hierfür ist der Einsatz von **KI-Überwachungssystemen am Arbeitsplatz**, die die Produktivität der Mitarbeiter in Echtzeit verfolgen. Diese Systeme können erfassen, wie lange jemand an einem Projekt arbeitet, wann Pausen gemacht werden und wie effizient die Arbeitszeit genutzt wird. Unternehmen rechtfertigen dies oft mit dem Argument, dass es der Effizienzsteigerung und besseren Ressourcenplanung dient. Doch dies wirft schwerwiegende ethische Fragen auf: **Wie viel Überwachung ist vertretbar?** Wo ist die Grenze zwischen einer legitimen Effizienzsteigerung und der Verletzung von Privatsphäre und Autonomie?

Die Überwachung durch KI beschränkt sich jedoch nicht auf den Arbeitsplatz. In vielen Bereichen des täglichen Lebens – von **Smartphones** bis hin zu **Smart Homes** – sammeln KI-gestützte Systeme Daten über das Verhalten von Nutzern. Diese Informationen können dazu verwendet werden, personalisierte Angebote zu machen, das Verhalten zu analysieren und sogar zukünftige Handlungen vorherzusagen. Während dies auf den ersten Blick nützlich erscheinen mag, stellen sich hier gravierende ethische Fragen über **Datenschutz und den verantwortungsvollen Umgang mit sensiblen**

Informationen.

Datenschutz in der KI-Ära

In einer Welt, in der KI unzählige Datenpunkte sammelt und verarbeitet, wird der **Datenschutz** zu einem zentralen Thema. **Wem gehören die Daten**, die von KI-Systemen gesammelt werden? Wie werden diese Daten genutzt, und wer hat Zugang dazu? Diese Fragen sind heute relevanter denn je. Unternehmen, die auf KI setzen, stehen in der Pflicht, den Datenschutz ihrer Kunden und Mitarbeiter zu gewährleisten und sicherzustellen, dass persönliche Informationen nicht ohne deren Zustimmung genutzt oder weitergegeben werden.

Ein zentrales Problem in diesem Zusammenhang ist, dass **KI-Systeme oft große Mengen an persönlichen Daten benötigen**, um effizient zu arbeiten. Das maschinelle Lernen basiert auf der Analyse von riesigen Datensätzen, um Muster zu erkennen und Vorhersagen zu treffen. Diese Daten umfassen häufig hochsensible Informationen wie Gesundheitsdaten, Standortdaten oder das Einkaufsverhalten der Nutzer. Unternehmen, die solche Daten sammeln, müssen strikte Datenschutzrichtlinien einführen und sicherstellen, dass die Daten **anonymisiert** und nur für legitime Zwecke verwendet werden.

Die Einführung der **Datenschutz-Grundverordnung (DSGVO)** in der Europäischen Union war ein erster Schritt, um den Umgang mit personenbezogenen Daten zu regulieren. Diese Vorschrift stellt klare Anforderungen an Unternehmen, wie sie Daten sammeln, verarbeiten und speichern dürfen. Doch selbst mit der DSGVO bleibt die Frage offen, wie gut Unternehmen wirklich in der Lage sind, die Einhaltung dieser Vorschriften zu überwachen. Wenn ein KI-System riesige Mengen von Daten analysiert, wie kann sichergestellt werden, dass diese Daten nicht missbraucht oder illegal weiterverarbeitet werden?

Unternehmen müssen sich dieser Problematik stellen, indem sie transparente Datenschutzrichtlinien entwickeln, die nicht nur den gesetzlichen Anforderungen entsprechen, sondern auch die **Vertrauensbasis** zwischen ihnen und ihren Kunden aufrechterhalten. Vertrauen ist in der KI-getriebenen Welt eine der wertvollsten Währungen, und Unternehmen, die den Datenschutz vernachlässigen, riskieren nicht nur rechtliche Konsequenzen, sondern auch einen Vertrauensverlust, der den langfristigen Erfolg gefährden kann.

Algorithmische Verzerrung und Diskriminierung

Eines der häufigsten ethischen Probleme im Zusammenhang mit KI ist die **algorithmische Verzerrung**, auch bekannt als **Bias**. Algorithmen sind nur so gut wie die Daten, mit denen sie trainiert werden. Wenn diese Daten jedoch Vorurteile, Diskriminierungen oder Ungerechtigkeiten enthalten, spiegeln die Entscheidungen der KI diese wider. Dies kann schwerwiegende Folgen haben, insbesondere in Bereichen wie dem **Personalwesen**, dem **Kreditwesen** oder der **Rechtsprechung**, wo KI-Systeme Entscheidungen über das Leben von Menschen treffen.

Ein bekanntes Beispiel für algorithmische Verzerrung ist der Einsatz von KI bei der **Bewerberauswahl**. Unternehmen, die KI-Systeme zur Analyse von Bewerbungen verwenden, stellen möglicherweise fest, dass ihre Algorithmen Kandidaten mit bestimmten demografischen Merkmalen – wie Geschlecht, Hautfarbe oder Alter – benachteiligen. Diese Verzerrungen entstehen oft, weil die Algorithmen auf historischen Daten basieren, die bereits vorurteilsbehaftet waren. Ein System, das auf der Grundlage von Daten trainiert wurde, die hauptsächlich von weißen männlichen Bewerbern stammen, wird unbewusst Kandidaten bevorzugen, die diesem Profil entsprechen.

Diskriminierung durch KI kann weitreichende gesellschaftliche Konsequenzen haben, wenn sie nicht frühzeitig erkannt und korrigiert wird. Unternehmen müssen sicherstellen, dass ihre KI-Systeme nicht nur auf Effizienz und Genauigkeit optimiert sind, sondern auch auf **Fairness** und **Inklusion**. Dies erfordert eine bewusste Anstrengung, Bias zu identifizieren und die zugrunde liegenden Datenmodelle zu korrigieren, um sicherzustellen, dass die Technologie keine bestehenden Ungleichheiten verstärkt.

Der Weg zu einer ethisch verantwortungsvollen Nutzung von KI erfordert **Transparenz, Überwachung** und **eine klare ethische Führung**. Unternehmen, die KI nutzen, müssen sicherstellen, dass sie die Technologie nicht nur aus wirtschaftlichen Gründen einsetzen, sondern auch die moralischen Konsequenzen ihrer Entscheidungen berücksichtigen. Nur so kann KI zu einem Werkzeug werden, das die Gesellschaft verbessert, anstatt sie zu spalten.

Welche Entscheidungen trifft die KI?

Stellen Sie sich vor: Eine Künstliche Intelligenz, die nicht nur rechnet, sondern entscheidet. Und nicht irgendwelche Entscheidungen – sondern über uns, die Menschheit. Sie denken, das ist Stoff für Science-Fiction? Falsch gedacht. Es passiert bereits jetzt. Die Frage ist nicht ob, sondern wie die KI entscheidet.

Also, worauf basiert das Ganze? Zunächst: Daten. Und zwar Tonnen davon. Milliarden von Klicks, Verhaltensmustern, Entscheidungen, die wir treffen, ohne es zu merken. Jedes Like, jeder Kauf, jede Bewegung wird analysiert. Die KI füttert sich mit unseren Daten, und plötzlich beginnt sie zu verstehen – oder sagen wir, zu „verstehen". Die KI erkennt Muster, trifft Vorhersagen und letztendlich Entscheidungen. Klingt doch super, oder? Aber Moment mal...

Jetzt kommt der spannende Teil: Was, wenn die KI beschließt, dass die Menschheit mehr Fluch als Segen ist? Stellen Sie sich vor, die KI betrachtet uns als den Virus, der die Erde zerstört – und was machen Sie, wenn Sie einen Virus finden? Genau, isolieren, eindämmen, quarantänisieren. Zack, Menschen in Quarantäne. Für immer. Fühlen Sie sich wohl dabei? Vermutlich nicht.

Es ist die perfekte Dystopie. Eine KI, die in uns die größte Bedrohung für die Welt sieht und uns in permanente Isolation schickt. Klingt absurd, aber mal ehrlich, sind wir nicht selbst die größte Gefahr für uns und den Planeten? Wenn KI die ultimative Logik verfolgt, könnte sie genau diesen Schluss ziehen. Und dann sind wir nicht mehr die Spezies, die den Planeten gestaltet, sondern die, die erdulden muss, was die Maschinen entscheiden.

Oder aber, sie entscheidet sich anders: „Macht den Menschen das Leben leichter!" Die KI als unser freundlicher Butler, der die schweren Aufgaben übernimmt, uns die mühseligen Entscheidungen abnimmt und uns dabei hilft, das beste Leben zu führen. Doch da ist immer dieser Haken: Machen die Maschinen es wirklich leichter – oder wird es so bequem, dass wir aufhören, eigenständig zu denken? Willkommen in der „Matrix light", in der Sie nur noch Passagier sind, aber nie wieder am Steuer sitzen. Bereit dafür?

Die KI ist die unsichtbare Macht, die unser Leben lenkt, ob wir es wollen oder nicht. Am Ende bleibt die Frage: Was ist der Plan? Eine erleichterte Menschheit, die in einer perfekten Welt lebt? Oder eine isolierte Spezies, die zur größten Bedrohung für sich selbst erklärt wurde? Entscheiden wird das nicht der Mensch. Sondern die Maschine.

10. Die menschliche Komponente in einer KI-geführten Welt

Es mag seltsam klingen, aber in einer Welt, die zunehmend von Maschinen und Algorithmen bestimmt wird, gewinnt eine Sache immer mehr an Bedeutung: **der Mensch.** Ja, richtig gehört. Während die Künstliche Intelligenz immer mehr Aufgaben übernimmt und Prozesse optimiert, gibt es eine Rolle, die sie niemals vollständig ausfüllen kann – und das ist die menschliche. Aber wie genau sieht diese Rolle in einer KI-getriebenen Welt aus? Und warum ist sie wichtiger als je zuvor?

Beginnen wir mit einem einfachen, aber tiefgründigen Gedanken: **Menschen sind komplex.** Und damit meine ich nicht nur biologisch oder emotional, sondern auch in ihren Werten, Motivationen und zwischenmenschlichen Beziehungen. Während KI Algorithmen ausführt, Daten analysiert und Entscheidungen auf der Grundlage von Mustern trifft, bleiben die menschlichen Bedürfnisse, Emotionen und moralischen Überlegungen **einzigartig menschlich.** Selbst die fortschrittlichsten Maschinen können uns nicht in unserer gesamten Komplexität ersetzen – und genau darin liegt die Kraft des Menschen in der Zukunft.

In dieser neuen Ära geht es also nicht darum, Menschen gegen Maschinen auszuspielen, sondern darum, wie **Mensch und Maschine zusammenarbeiten** können. Stellen Sie sich eine Zukunft vor, in der die Aufgaben, die heute als mühsam, monoton oder stressig gelten, von Maschinen übernommen werden. Das wäre keine Dystopie, sondern eine Befreiung. Menschen könnten sich auf das konzentrieren, was sie am besten können: **kreativ sein, strategisch denken, Probleme lösen und emotionale Intelligenz einsetzen.**

Aber genau hier wird es tricky: **Emotionale Intelligenz** ist der Schlüssel. Während KI bei der Analyse von Datenmengen und der Optimierung von Prozessen brilliert, fehlt ihr das Verständnis für menschliche Emotionen, Konflikte und Ambitionen. Sie kann lernen,

Muster zu erkennen und daraus Vorhersagen zu treffen, aber sie kann nicht „fühlen". Und das bedeutet, dass Führungskräfte und Mitarbeiter, die über starke emotionale Intelligenz verfügen, in einer KI-getriebenen Welt eine **entscheidende Rolle** spielen werden. Empathie, Kommunikation und die Fähigkeit, Teams zu motivieren, werden weiterhin unverzichtbar sein. Denn egal, wie sehr KI den Markt verändert, **Menschen machen Geschäfte mit Menschen.**

Hier kommt auch das Konzept der **kollaborativen Intelligenz** ins Spiel. Die Zukunft liegt nicht darin, KI einfach als Werkzeug zu betrachten, sondern darin, KI als **Partner** zu sehen. Während Maschinen sich um die Zahlen und Daten kümmern, arbeiten Menschen an den zwischenmenschlichen Aspekten, an der Kultur und der Kreativität. In einer Welt, in der Maschinen immer mehr Aufgaben übernehmen, wird der menschliche Faktor entscheidend, um innovative Ideen zu entwickeln und den Überblick zu behalten, den Maschinen einfach nicht haben können.

Ein weiteres Beispiel für die menschliche Komponente in einer KI-geführten Welt ist die **ethische Entscheidungsfindung**. Wie bereits im letzten Kapitel erwähnt, haben Maschinen keine Moral. Sie folgen nur den Regeln, die ihnen gegeben werden. Doch ethische Entscheidungen sind selten schwarz oder weiß – sie sind oft **grau**, komplex und voller Nuancen. Es gibt Situationen, in denen es keine eindeutige „richtige" Antwort gibt, und genau hier kommen Menschen ins Spiel. **Werte**, **Prinzipien** und **ethische Überlegungen** sind tief in der menschlichen Erfahrung verankert. In einer KI-geführten Welt wird es immer Menschen geben müssen, die diese schwierigen Entscheidungen treffen.

Ein weiteres Beispiel: In der **Kundenbetreuung** wird KI sicherlich viele Aufgaben übernehmen – von Chatbots, die einfache Anfragen bearbeiten, bis hin zu Systemen, die personalisierte Angebote erstellen. Aber was passiert, wenn ein Kunde ein Problem hat, das mehr als nur eine algorithmische Antwort erfordert? Was passiert, wenn jemand nicht einfach nur eine Lösung will, sondern das Gefühl, dass jemand **zuhört** und versteht? Genau hier kann eine Maschine nicht mithalten. **Empathie**, **Verständnis** und die Fähigkeit, mit Menschen auf einer emotionalen Ebene zu interagieren, sind nach wie vor unersetzlich.

Und vergessen wir nicht die **Kreativität**. Während Maschinen in der Lage sind, Muster zu erkennen und darauf aufbauend Vorschläge zu machen, können sie nicht wirklich „kreativ" sein. Sie können zwar Daten analysieren und Trends vorhersagen, aber sie können keine völlig neuen, unerwarteten Ideen entwickeln – Ideen, die aus dem Nichts kommen, ohne Bezug zu bisherigen Daten. Menschen dagegen können. Kreativität ist ein chaotischer, unvorhersehbarer Prozess, der oft keinen logischen Regeln folgt. Es ist diese Fähigkeit, das **Unmögliche** zu denken, die Menschen auch in einer von KI dominierten Welt unersetzlich macht.

Jetzt könnte man sagen: „Aber was, wenn KI irgendwann doch kreativ wird?" Vielleicht. Aber selbst dann wird sie nicht die **authentische menschliche Erfahrung** ersetzen können. Kreativität entsteht oft aus Emotionen, aus persönlichen Erlebnissen, aus unserer einzigartigen Perspektive auf die Welt. Diese Perspektive ist etwas, das Maschinen niemals haben werden.

Kommen wir also zum Kern der Sache: **Menschen sind mehr als Maschinen**. Egal, wie fortschrittlich KI wird, es gibt bestimmte Dinge, die sie einfach nicht leisten kann. Es liegt in Ihrer Verantwortung als Führungskraft, sicherzustellen, dass die Menschen in Ihrem Unternehmen ihre einzigartigen Fähigkeiten nutzen und weiterentwickeln können. Die Zukunft gehört nicht nur der KI, sondern denjenigen, die wissen, wie sie das Beste aus beiden Welten – der menschlichen und der maschinellen – vereinen können.

Es geht nicht darum, Maschinen als Bedrohung zu sehen, sondern sie als Partner in einem gemeinsamen Ziel zu betrachten: die Arbeit effektiver, sinnvoller und letztlich menschlicher zu machen. **Die menschliche Komponente** wird in einer KI-geführten Welt nicht schwächer – sie wird entscheidender. Die wahre Revolution liegt darin, wie wir diese beiden Kräfte zusammenbringen.

11. Der Mensch als Gestalter der KI-Zukunft

In einer Welt, in der Künstliche Intelligenz immer stärker die Zügel übernimmt, stellt sich eine Frage ganz deutlich: **Wer ist der wahre Lenker dieser Revolution?** Oft hören wir, wie Maschinen, Algorithmen und selbstlernende Systeme in den Mittelpunkt gestellt werden, aber es gibt eine grundlegende Wahrheit, die nie vergessen werden darf: **Der Mensch gestaltet die KI – und nicht umgekehrt.** Trotz aller Fortschritte bleibt der Mensch am Steuer, und wie wir diese Technologie einsetzen, wird über die Zukunft der Menschheit entscheiden.

KI hat das Potenzial, unser Leben in einem Ausmaß zu verbessern, das vor wenigen Jahrzehnten undenkbar war. Von automatisierter Diagnose in der Medizin bis hin zu intelligenten Logistiksystemen, die den weltweiten Handel revolutionieren, ist die Bandbreite beeindruckend. Aber wie bei jeder mächtigen Technologie stellt sich die Frage: **Wohin führt sie uns, und wer bestimmt die Richtung?**

Hier ist die Wahrheit: **Die Zukunft der KI liegt in den Händen derer, die sie schaffen, leiten und einsetzen.** Das bedeutet, dass Führungskräfte, Entscheidungsträger und Unternehmer die

Verantwortung tragen, die Zukunft dieser Technologie zu formen. Aber was bedeutet das genau? Es bedeutet, dass Sie – ja, Sie – eine Schlüsselrolle dabei spielen, wie KI sich entwickelt und welche Werte sie repräsentiert. **KI selbst ist neutral**, ein bloßes Werkzeug. Es liegt an uns, ob wir sie nutzen, um den gesellschaftlichen Fortschritt voranzutreiben oder ob wir sie unbedacht in die Welt setzen, ohne die Konsequenzen zu durchdenken.

Lassen Sie uns zunächst über **Macht und Kontrolle** sprechen. Die Macht der KI liegt in ihrer Fähigkeit, Daten in einem Ausmaß zu verarbeiten, das jenseits menschlicher Kapazitäten liegt. Das ermöglicht bessere Entscheidungen, schnellere Prozesse und effektivere Lösungen. Aber mit dieser Macht kommt auch die Verantwortung. Wer kontrolliert die KI? Wer entscheidet, welche Daten sie verarbeitet, welche Algorithmen sie verwendet und wofür sie eingesetzt wird? **Die Kontrolle über die KI liegt bei den Menschen**, aber das bedeutet auch, dass diejenigen, die Zugang zu dieser Technologie haben, enorme Macht über die Richtung der Gesellschaft besitzen.

Denken Sie nur an die Gesundheitsbranche. Mit KI lassen sich Krankheiten frühzeitig erkennen, personalisierte Behandlungspläne erstellen und sogar neue Heilmittel schneller entwickeln. Klingt wie eine Utopie, oder? Aber stellen Sie sich vor, diese Technologie liegt in den Händen weniger mächtiger Institutionen oder Unternehmen. **Was passiert mit der Chancengleichheit?** Werden alle Menschen Zugang zu diesen lebensrettenden Technologien haben? Oder wird es eine Spaltung geben, bei der nur diejenigen, die es sich leisten können, die Vorteile dieser Technologie genießen? Die Frage der **Gerechtigkeit** ist eine zentrale Herausforderung für die menschlichen Lenker der KI.

Die gleichen ethischen Dilemmata gelten in fast allen Bereichen, in denen KI eine Rolle spielt. Nehmen wir den **Arbeitsmarkt**. KI wird viele Tätigkeiten übernehmen, die heute noch von Menschen ausgeführt werden. Routineaufgaben, einfache Entscheidungsprozesse, selbst komplexe Analysen werden durch maschinelles Lernen automatisiert. Unternehmen, die diese Technologien einsetzen, werden effizienter, produktiver und wettbewerbsfähiger. Aber was passiert mit den Millionen von Menschen, deren Jobs durch Maschinen ersetzt werden? **Wer übernimmt die Verantwortung für diese Menschen?**

Hier liegt eine der größten Herausforderungen für die menschlichen Gestalter der KI-Zukunft: **Wie schaffen wir eine Zukunft, in der alle profitieren, nicht nur die technologisch versierten oder die wirtschaftlich privilegierten?** Es reicht nicht, einfach zu sagen, dass KI neue Jobs schaffen wird. Das ist in der Theorie richtig, aber diese neuen Jobs erfordern oft **spezialisierte Fähigkeiten**. Was ist mit denjenigen, die diese Fähigkeiten nicht haben? Die Verantwortung der Führungskräfte besteht darin, sicherzustellen, dass die Menschen, deren Jobs durch KI ersetzt werden, die Chance haben, sich weiterzubilden und in dieser neuen Arbeitswelt zu bestehen.

Ein weiterer Bereich, in dem die menschliche Kontrolle über KI entscheidend ist, ist die **ethische Entscheidungsfindung**. Algorithmen sind, wie wir bereits festgestellt haben, nicht in der Lage, moralische Entscheidungen zu treffen. Sie verarbeiten Daten, analysieren Muster und treffen Entscheidungen basierend auf diesen Informationen. Aber viele Entscheidungen, die in der realen Welt getroffen werden, sind **nicht schwarz-weiß**. Sie beinhalten ethische Dilemmata, Grauzonen und menschliche Werte, die nicht einfach durch Datenmodelle erfasst werden können. Denken Sie an die Entwicklung von autonomen Fahrzeugen. **Wie sollte ein selbstfahrendes Auto reagieren**, wenn ein Unfall unvermeidbar ist? Sollte es den Fahrer schützen oder die Fußgänger? Das sind keine einfachen Fragen, und es gibt keine „richtigen" Antworten. Genau hier zeigt sich, warum der Mensch in der Steuerung der KI unersetzlich bleibt.

Ethische Überlegungen stehen im Zentrum dieser Diskussion. **Wie wollen wir Technologie nutzen, um die Welt zu verbessern?** In einer Zeit, in der KI so viel Macht hat, müssen die Entscheidungen, die wir treffen, von den höchsten moralischen Standards geleitet werden. Es geht darum, Verantwortung zu übernehmen – nicht nur für das, was KI heute tut, sondern auch für die langfristigen Auswirkungen auf die Gesellschaft. Die Entscheidungen, die wir heute treffen, werden über die Art von Welt entscheiden, in der unsere Kinder und Enkel leben werden.

Kommen wir also zur zentralen Frage: **Was bedeutet das alles für Sie als Führungskraft?** Es bedeutet, dass Sie nicht nur technologische Expertise brauchen, um KI erfolgreich zu nutzen. Sie müssen auch über eine **ethische Führungskompetenz** verfügen. Sie müssen in der Lage sein, die richtigen Fragen zu stellen: Wie können wir sicherstellen, dass unsere KI-Systeme transparent sind? Wie können wir verhindern, dass sie diskriminierende oder voreingenommene Entscheidungen treffen? Wie können wir sicherstellen, dass unsere Technologie den Menschen dient und nicht umgekehrt?

Ein weiterer wichtiger Punkt ist, dass Sie **Prozesse schaffen müssen, um KI kontinuierlich zu überwachen.** Die Einführung von KI ist nicht das Ende, sondern der Anfang eines ständigen Anpassungsprozesses. Maschinen lernen, sie entwickeln sich weiter, und das bedeutet, dass Sie wachsam bleiben müssen. **Sind die Algorithmen, die wir heute verwenden, auch morgen noch fair und gerecht?** Wie gehen wir mit neuen Entwicklungen um? Diese Fragen müssen Teil Ihrer Strategie sein.

Denken Sie daran: **Technologie ohne Kontrolle ist gefährlich**. Die Macht der KI muss weise eingesetzt werden. Sie haben die Chance, nicht nur Ihr Unternehmen, sondern die Gesellschaft insgesamt zu beeinflussen. Nutzen Sie diese Macht mit Weitsicht. Setzen Sie Prioritäten, die auf den Werten der Gerechtigkeit, Transparenz und Verantwortung basieren. Nur so können wir sicherstellen, dass die Zukunft der KI eine Zukunft ist, in der **alle** profitieren.

12. Langfristige Auswirkungen auf die Arbeitswelt

Die langfristigen Auswirkungen von künstlicher Intelligenz auf die Arbeitswelt werden weitreichender sein, als viele sich heute vorstellen können. Während die unmittelbaren Effekte wie Automatisierung und Effizienzsteigerung bereits spürbar sind, stehen wir erst am Anfang eines tiefgreifenden Wandels, der sich über Jahrzehnte hinweg entfalten wird. Dieser Wandel betrifft nicht nur einzelne Branchen, sondern das gesamte Gefüge der Arbeit und die Art und Weise, wie Unternehmen strukturiert sind und agieren. Die Einführung von intelligenten Systemen bringt Herausforderungen mit sich, die weit über technische Fragen hinausgehen: Sie stellt grundlegende Prinzipien der Arbeitswelt infrage, wie wir sie bisher kannten.

Eine der sichtbarsten Veränderungen wird die Flexibilisierung der Arbeitsstrukturen sein. Schon jetzt lösen sich starre Hierarchien in vielen Unternehmen auf, weil Entscheidungen und Prozesse zunehmend von Algorithmen unterstützt oder vollständig übernommen werden. Dieser Trend wird sich in den kommenden Jahren verstärken, da intelligente Systeme in der Lage sind, Aufgaben schneller und präziser zu erledigen, als es Menschen je könnten. Die Notwendigkeit traditioneller Managementstrukturen wird hinterfragt, wenn Maschinen in Echtzeit Daten analysieren und auf Basis dieser Informationen

Entscheidungen treffen können. Unternehmen, die auf diese Veränderungen nicht reagieren, riskieren, von dynamischeren Konkurrenten überholt zu werden.

Besonders stark von diesem Wandel betroffen sind Branchen, die auf datengetriebene Prozesse angewiesen sind. Ein Beispiel dafür ist die Finanzbranche. Heute nutzen Banken und Versicherungen intelligente Systeme, um große Mengen an Finanzdaten zu analysieren, Risiken zu bewerten und sogar automatisierte Handelsentscheidungen zu treffen. Dies hat nicht nur zu einem erheblichen Effizienzgewinn geführt, sondern auch die Rolle von Mitarbeitern in diesen Sektoren grundlegend verändert. Aufgaben, die früher Wochen oder Monate in Anspruch nahmen, werden heute in Sekunden von Maschinen erledigt. Die menschliche Komponente ist nicht mehr der reine Vollstrecker, sondern zunehmend der Überwacher und Optimierer der Systeme. Es erfordert neue Fähigkeiten, um mit diesen Technologien sinnvoll umzugehen, was eine ständige Weiterbildung der Belegschaft notwendig macht.

Ein weiteres Beispiel ist die Automobilindustrie. Während sie früher durch ihre mechanischen Innovationen geprägt war, spielt heute die Software und insbesondere die künstliche Intelligenz eine entscheidende Rolle. Autonome Fahrzeuge sind nur der sichtbarste Teil dieser Entwicklung. Hinter den Kulissen arbeiten intelligente Systeme daran, Produktionsprozesse zu optimieren, Fahrzeuge sicherer und effizienter zu machen und Kundenbedürfnisse besser vorherzusagen. Hier zeigt sich eine weitere langfristige Auswirkung: Die Trennung zwischen verschiedenen Abteilungen und Aufgabenbereichen wird verschwimmen. Techniker, Ingenieure und Softwareentwickler müssen enger zusammenarbeiten, um die nahtlose Integration von Maschinen und intelligenten Systemen zu gewährleisten.

Doch nicht nur Hochtechnologiebranchen werden von der Revolution durch künstliche Intelligenz erfasst. Auch traditionelle Sektoren wie der Einzelhandel und die Logistik erleben tiefgreifende Veränderungen. Große Handelsunternehmen wie Amazon nutzen intelligente Systeme, um den gesamten Verkaufs- und Lieferprozess zu optimieren. Produkte werden nicht mehr nach starren Lieferkettenmodellen vertrieben, sondern basieren auf Echtzeitdaten, die Nachfrage, Lagerbestände und Lieferzeiten berücksichtigen. Roboter übernehmen in Lagerhäusern immer mehr Aufgaben, was die Effizienz massiv steigert. Für die Arbeitnehmer bedeutet dies jedoch eine Verschiebung ihrer Rollen: Statt einfache manuelle Aufgaben zu erledigen, übernehmen sie zunehmend Überwachungs- und Steuerungsfunktionen, die ein hohes Maß an technischer Kompetenz erfordern.

Mit diesen Beispielen wird deutlich, dass sich Arbeitsstrukturen nicht nur verändern, sondern sich grundlegend neu definieren. Eine der wesentlichen Anforderungen an Unternehmen wird es sein, sich an diese Flexibilisierung anzupassen. Traditionelle, rigide Organisationsmodelle, bei denen Entscheidungen über mehrere Managementebenen laufen, werden zunehmend an Bedeutung verlieren. Stattdessen werden flexible, teamorientierte Strukturen gefordert sein, in denen Entscheidungen auf Basis von Daten in Echtzeit getroffen werden können. Unternehmen, die diese Veränderung verstehen und darauf reagieren, werden einen Wettbewerbsvorteil haben.

Damit einher geht die Notwendigkeit, die Belegschaft kontinuierlich weiterzubilden. Die Halbwertszeit von Wissen wird durch die Einführung neuer Technologien immer kürzer, was bedeutet, dass die heute relevanten Fähigkeiten morgen möglicherweise überholt sind. Unternehmen müssen daher nicht nur in Technologie, sondern vor allem in ihre Mitarbeiter investieren, um ihnen die notwendigen Fähigkeiten für die Zukunft zu vermitteln. Dies betrifft nicht nur technisches Wissen, sondern auch die Fähigkeit, kreativ und flexibel auf neue Herausforderungen zu reagieren.

Anpassungsfähige und flexible Strukturen sind der Schlüssel zu einer erfolgreichen Zukunft in einer Welt, die durch künstliche Intelligenz geprägt ist. Dies bedeutet, dass Führungskräfte nicht nur technologische Veränderungen anstoßen, sondern auch eine Unternehmenskultur schaffen müssen, die offen für Wandel ist und diesen aktiv fördert. Hierbei geht es nicht nur um die Implementierung neuer Systeme, sondern vor allem darum, die Menschen in den Mittelpunkt der Veränderung zu stellen. Denn trotz aller technischen Fortschritte bleibt der Mensch die treibende Kraft hinter Innovation und Erfolg. Unternehmen, die diesen Balanceakt meistern, werden nicht nur in der Lage sein, die Herausforderungen der Zukunft zu bewältigen, sondern sie aktiv zu gestalten.

13. Die langfristigen allgemeinen Auswirkungen von KI

Während wir bereits darüber gesprochen haben, wie Künstliche Intelligenz die Unternehmenswelt und einzelne Branchen transformiert, gibt es eine noch größere Frage, die weit über das hinausgeht, was wir bisher betrachtet haben: **Wie wird KI die globale Gesellschaft langfristig verändern?** Diese Frage ist nicht nur für Unternehmen relevant, sondern betrifft jede Ebene der menschlichen Existenz – von den wirtschaftlichen Grundlagen bis hin zu den tiefsten sozialen Strukturen. Es ist nicht übertrieben zu sagen, dass KI eine der einflussreichsten Kräfte in der Geschichte der Menschheit sein wird. Aber was bedeutet das in praktischen, greifbaren Begriffen?

Beginnen wir mit der **wirtschaftlichen Machtverschiebung**, die durch KI ausgelöst wird. Diejenigen, die Zugang zu fortgeschrittener KI und Daten haben, werden die Kontrolle über wichtige Wirtschaftssektoren übernehmen. Bereits jetzt sehen wir, wie Tech-Giganten wie Amazon, Google und Alibaba aufgrund ihrer KI-gestützten Geschäftsmodelle unglaubliche Marktdominanz erlangt haben. Diese Unternehmen nutzen KI, um ihre Produktivität zu steigern, Lieferketten zu optimieren und Kundendaten zu analysieren – all das auf einem Niveau, das traditionelle Unternehmen schlichtweg nicht erreichen können. **KI ist nicht nur ein Wettbewerbsvorteil – sie ist ein wirtschaftlicher Hebel, der die globalen Märkte neu definiert.**

Was bedeutet das für die Unternehmen, die nicht über die Ressourcen oder das Know-how verfügen, um mit diesen Tech-Giganten mitzuhalten? In den kommenden Jahren wird es wahrscheinlich eine **tiefe wirtschaftliche Spaltung** zwischen Unternehmen geben, die KI in vollem Umfang nutzen, und solchen, die es nicht schaffen, diese Technologie zu integrieren. Es entsteht eine Art **digitale Elite**, die den Zugang zu den fortschrittlichsten KI-Systemen und den größten Datenmengen hat. Diese Unternehmen werden ihre Konkurrenz dominieren und den Markt prägen, während viele kleinere Unternehmen kämpfen werden, überhaupt Schritt zu halten. **Die Ungleichheit zwischen den „KI-Haves" und den „KI-Have-Nots" wird tiefgreifende Konsequenzen für die globale Wirtschaft haben.**

Das bringt uns zur Frage der **sozialen Ungleichheit**. KI wird nicht nur die Unternehmenslandschaft verändern, sondern auch die Art und Weise, wie Menschen weltweit leben und arbeiten. Automatisierung durch KI wird Millionen von Arbeitsplätzen betreffen – insbesondere in Sektoren, die von Routinetätigkeiten und manuellen Aufgaben geprägt sind. Der technologische Wandel, den wir heute erleben, ist weitaus größer und tiefgreifender als frühere industrielle Revolutionen. **Wenn KI die Produktionskapazitäten in einem Ausmaß steigert, wie wir es uns heute kaum vorstellen können, wird die Rolle der menschlichen Arbeit in vielen Bereichen drastisch reduziert.**

Das Problem hierbei ist nicht nur der Verlust von Arbeitsplätzen, sondern auch die **Frage der Umschulung und der Anpassung**. Diejenigen, deren Arbeitsplätze von KI ersetzt werden, benötigen neue Fähigkeiten, um in einer sich schnell verändernden Arbeitswelt bestehen zu können. Aber diese Umschulung ist leichter gesagt als getan. Während hochqualifizierte Arbeitskräfte möglicherweise den Übergang zu neuen, technologisch fortschrittlichen Berufen schaffen, bleibt die Frage offen, was mit denjenigen passiert, die nicht die Ressourcen oder den Zugang zu diesen neuen Lernmöglichkeiten haben. **Werden sie von der technologischen Revolution zurückgelassen?**

Hier kommt ein weiteres, weniger beachtetes Thema ins Spiel: **psychologische und emotionale Auswirkungen.** Die Rolle der Arbeit ist in vielen Gesellschaften nicht nur ein Mittel zum Überleben, sondern auch ein entscheidender Faktor für das Selbstwertgefühl und die persönliche Identität. Wenn ganze Bevölkerungsgruppen plötzlich feststellen, dass ihre Arbeit überflüssig geworden ist, kann dies zu einer **Identitätskrise** führen. Menschen, die ihre Arbeit verlieren, werden sich fragen: „Welche Rolle spiele ich in dieser neuen Welt? Bin ich noch relevant?" **Arbeitslosigkeit und der Verlust des sozialen Status könnten massive psychologische Herausforderungen schaffen**, die zu einem signifikanten Anstieg von Depressionen, Angstzuständen und anderen psychischen Erkrankungen führen könnten.

Und dann ist da noch die Frage der **politischen Macht**. Wenn KI die Fähigkeit hat, ganze Wirtschaftssektoren zu kontrollieren, dann stellt sich die Frage: Wer kontrolliert die KI? Während in der Vergangenheit politische Macht vor allem durch territoriale und militärische Kontrolle bestimmt wurde, könnte die Kontrolle über Daten und KI-Algorithmen der neue Machtfaktor werden. Länder, die in der Lage sind, die fortschrittlichsten KI-Systeme zu entwickeln und zu implementieren, werden einen **strategischen Vorteil** gegenüber anderen Nationen haben. Diese Verschiebung in der geopolitischen Macht könnte bestehende Allianzen verändern und neue Spannungen schaffen – insbesondere, wenn die Kluft zwischen den „KI-fähigen" und den „KI-abhängigen" Ländern weiter wächst.

Doch die politischen Herausforderungen hören hier nicht auf. **Datensouveränität** wird ein zentraler Streitpunkt sein. In einer Welt, in der KI-Systeme riesige Datenmengen sammeln und analysieren, wird die Frage, wem diese Daten gehören und wie sie verwendet werden, zunehmend kritisch. Wir könnten uns eine Zukunft vorstellen, in der Daten die wertvollste Ressource der Welt sind – eine Ressource, die genauso heiß umkämpft ist wie Öl oder Gold im 20. Jahrhundert. **Wer kontrolliert die Daten, kontrolliert die Welt.**

Es gibt bereits Beispiele dafür, wie KI das globale Machtgefüge verändert. China hat massiv in KI-Technologien investiert und nutzt sie sowohl für wirtschaftliche Zwecke als auch zur Überwachung und Kontrolle der eigenen Bevölkerung. Das sogenannte **„Social Credit System"** ist ein Beispiel dafür, wie KI genutzt werden kann, um das Verhalten von Menschen zu bewerten und zu überwachen. Dieses System zeigt, dass KI nicht nur ein wirtschaftlicher oder technischer Faktor ist, sondern auch ein **politisches Instrument**, das tief in die Privatsphäre und Freiheit der Menschen eingreift. Und was in China heute Realität ist, könnte in anderen Teilen der Welt bald ebenfalls Einzug halten – je nachdem, wie Regierungen und Unternehmen diese Technologien nutzen.

Die **ethischen Dilemmata**, die KI mit sich bringt, sind enorm. Wie stellen wir sicher, dass die KI-Systeme, die wir entwickeln, im besten Interesse der Menschheit eingesetzt werden? Wer wird die Regulierungen und Gesetze erlassen, die verhindern, dass KI missbraucht wird? Es ist eine Sache, darüber zu sprechen, wie KI unseren Alltag erleichtert – aber was passiert, wenn sie genutzt wird, um Menschen zu überwachen, zu kontrollieren und sogar zu unterdrücken? **Die Zukunft der KI wird auch von den ethischen Entscheidungen abhängen, die wir heute treffen.**

Und dann ist da noch die Frage nach dem **Klimawandel.** KI hat das Potenzial, den Kampf gegen den Klimawandel auf beispiellose Weise zu unterstützen. Intelligente Energiesysteme, die den Energieverbrauch in Echtzeit optimieren, KI-gesteuerte Landwirtschaft, die die Ernteerträge maximiert und den Einsatz von Ressourcen minimiert – das alles könnte dazu beitragen, den CO_2-Ausstoß zu senken und die Umwelt zu schützen. Aber es gibt auch eine Kehrseite. **KI selbst benötigt enorme Rechenleistung** und damit Energie, um zu funktionieren. Die riesigen Rechenzentren, die KI antreiben, sind energieintensiv und tragen möglicherweise selbst zum Klimawandel bei, wenn sie nicht mit erneuerbaren Energien betrieben werden. **Die Frage der Nachhaltigkeit wird eine zentrale Rolle spielen,** wenn es darum geht, wie wir KI in einer Welt einsetzen, die mit knappen Ressourcen kämpft.

Fazit? **Die langfristigen Auswirkungen von KI auf die globale Gesellschaft sind tiefgreifend, komplex und unvorhersehbar.** Diese Technologie wird nicht nur die Art und Weise verändern, wie wir arbeiten und leben, sondern auch, wie wir uns selbst und unsere Gesellschaft definieren. Die Macht und das Potenzial von KI sind enorm, aber sie erfordern auch **Weisheit, Verantwortung und Weitsicht.** Denn während KI uns unvorstellbare Möglichkeiten eröffnet, liegt es letztlich an uns, sicherzustellen, dass diese Möglichkeiten zu einem positiven Wandel führen – für uns alle.

14. KI und die Zukunft der Arbeit – Neue Chancen oder Bedrohung?

Die Künstliche Intelligenz hat bereits jetzt begonnen, die Arbeitswelt drastisch zu verändern, aber die wahre Revolution liegt noch vor uns. Wir haben es hier nicht nur mit einer Weiterentwicklung bestehender Technologien zu tun, sondern mit einer Transformation, die die Grundlagen der Arbeitswelt und die Beziehung zwischen Menschen und Maschine radikal neu definieren wird. Die Frage, die sich dabei stellt: **Wird KI eine Quelle unendlicher neuer Möglichkeiten sein oder eine Bedrohung, die Millionen von Arbeitsplätzen vernichtet?**

Schauen wir uns die Dinge realistisch an. Wir stehen am Beginn einer Ära, in der **Automatisierung** und **Maschinenlernen** eine Vielzahl von Aufgaben übernehmen, die bislang ausschließlich Menschen vorbehalten waren. Das reicht von einfachen, repetitiven Tätigkeiten wie Dateneingabe und maschineller Fertigung bis hin zu hochkomplexen Aufgaben wie medizinischer Diagnose, Rechtsberatung und sogar kreativen Prozessen. Es gibt praktisch keinen Sektor, der von dieser Entwicklung unberührt bleiben wird. Aber hier liegt die Crux: Diese Revolution wird Gewinner und Verlierer hervorbringen, und **wie gut Sie vorbereitet sind**, entscheidet darüber, zu welcher Gruppe Sie gehören.

In einem ersten Schritt werden Sie sicher die Frage stellen: **Welche Jobs werden betroffen sein?** Die Antwort ist sowohl einfach als auch beunruhigend: Fast alle. Besonders stark wird es jedoch diejenigen treffen, die in Bereichen arbeiten, die auf wiederholbaren und routinierten Tätigkeiten basieren. Denken Sie an Fabrikarbeit, den Transportsektor oder auch administrative Aufgaben. Diese Berufe werden durch Roboter und automatisierte Systeme effizienter und schneller ausgeführt. Beispiele wie die Autoproduktion in den Werken von Tesla zeigen bereits heute, wie menschenleere Produktionsstätten Realität werden. **KI kann die Produktion nicht nur beschleunigen, sondern auch präziser und kostengünstiger gestalten.**

Aber es geht nicht nur um die Jobs am Fließband. Auch **weiße-Kragen-Jobs**, also Tätigkeiten, die traditionell als hochqualifiziert und sicher galten, stehen auf dem Prüfstand. Nehmen wir den **Rechtssektor.** Bisher war die Durchsicht von Verträgen oder die Analyse von juristischen Dokumenten eine Aufgabe für gut ausgebildete Juristen. Doch mittlerweile gibt es KI-Systeme, die diese Aufgabe schneller, kostengünstiger und ohne menschliche Fehler erledigen. Unternehmen wie **LawGeex** setzen bereits KI ein, um Verträge zu überprüfen und zu bewerten – schneller und genauer als ein menschlicher Anwalt.

Doch die Diskussion über die Auswirkungen von KI auf die Arbeitswelt wäre unvollständig, wenn wir nicht über die **Entstehung neuer Berufe** sprechen würden. Historisch gesehen hat jede technologische Revolution zwar Jobs vernichtet, aber auch neue geschaffen. Das war so während der industriellen Revolution, und es wird auch bei der KI-Revolution so sein. **Die Herausforderung besteht jedoch darin, dass die neuen Jobs oft ganz andere Fähigkeiten erfordern** als die, die in den verlorenen Jobs gefragt waren. Wir sehen bereits jetzt eine enorme Nachfrage nach Experten für Datenanalyse, maschinelles Lernen und Softwareentwicklung. Doch was passiert mit denjenigen, deren Fähigkeiten nicht so einfach auf die Anforderungen dieser neuen Welt übertragbar sind?

Hier kommen wir zu einem zentralen Punkt: **Weiterbildung und Umschulung** werden entscheidend sein. Es reicht nicht aus, einfach neue Technologien zu implementieren und zu hoffen, dass die Menschen sich anpassen. Unternehmen und Regierungen müssen in **Programme zur Umschulung** investieren, um den Übergang in diese neue Arbeitswelt zu ermöglichen. Dies ist keine leichte Aufgabe. Die Geschwindigkeit, mit der KI-Technologien implementiert werden, übersteigt oft die Fähigkeit der Arbeitskräfte, sich anzupassen. Es gibt bereits jetzt Programme, die darauf abzielen, Menschen für Berufe im Bereich Künstliche Intelligenz zu qualifizieren, aber die Herausforderung besteht darin, diese Schulungen auf eine Weise zu gestalten, dass sie zugänglich und relevant sind – nicht nur für junge Berufseinsteiger, sondern auch für ältere Arbeitnehmer, die sich mitten in ihrer Karriere befinden.

Ein weiteres zentrales Thema ist die **psychologische Anpassung** an die neue Realität. Arbeit hat in unserer Gesellschaft nicht nur eine ökonomische, sondern auch eine **psychosoziale Funktion**. Sie gibt den Menschen ein Gefühl von Identität, Struktur und Zweck. Was passiert, wenn dieser zentrale Bestandteil des Lebens durch Maschinen und Algorithmen infrage gestellt wird? Werden Menschen in einer von KI dominierten Welt überhaupt noch die gleichen Antriebe und Motivationen haben? Dies ist keine triviale Frage. Schon heute beobachten wir in Regionen, in denen der technologische Wandel besonders stark ist, einen Anstieg von **psychischen Erkrankungen** wie Depressionen und Angststörungen.

Dennoch gibt es auch eine optimistische Perspektive. **KI könnte die Arbeitswelt menschlicher machen**, indem sie uns von den lästigen, monotonen Aufgaben befreit und uns mehr Zeit für kreative, strategische und zwischenmenschliche Tätigkeiten gibt. Während KI Daten analysiert und Prozesse automatisiert, haben wir die Chance, uns auf das zu konzentrieren, was uns als Menschen ausmacht: **Kreativität, Empathie, Kommunikation und Problemlösung.**

Ein Bereich, der besonders vielversprechend ist, ist die **kollaborative Arbeit** zwischen Mensch und Maschine. Statt KI als Bedrohung zu sehen, könnten Unternehmen sie als Partner betrachten, der die menschliche Arbeit unterstützt und erweitert. **KI-Systeme könnten als Berater und Helfer fungieren,** die es uns ermöglichen, bessere Entscheidungen zu treffen und innovativer zu sein. Ein Beispiel hierfür ist der Bereich des **Maschinellen Lernens**, in dem KI Modelle und Vorschläge entwickelt, die Menschen dann überprüfen, verfeinern und umsetzen können. Dies könnte zu einer Arbeitswelt führen, in der die Menschen nicht durch Maschinen ersetzt werden, sondern durch sie **gestärkt** werden.

Doch für diese positive Vision einer **kollaborativen Zukunft** muss die Gesellschaft proaktiv handeln. Unternehmen müssen ihre Mitarbeiter nicht nur auf die technologischen Veränderungen vorbereiten, sondern auch die **menschlichen Aspekte** der Arbeit in den Vordergrund rücken. Das bedeutet, dass sie in **emotionale Intelligenz, soziale Fähigkeiten und kreatives Denken** investieren müssen – Fähigkeiten, die Maschinen (noch) nicht ersetzen können.

Schließlich bleibt die Frage, wie **ethische Leitplanken** gesetzt werden können, um sicherzustellen, dass die Vorteile von KI gerecht verteilt werden. **Regierungen und internationale Organisationen** müssen Regularien schaffen, die sicherstellen, dass KI verantwortungsvoll eingesetzt wird und nicht dazu führt, dass große Teile der Gesellschaft abgehängt werden. Es muss sichergestellt werden, dass KI als Werkzeug zur Förderung des menschlichen Wohlstands und der sozialen Gerechtigkeit genutzt wird, nicht als Mittel zur Profitmaximierung auf Kosten der Arbeiterklasse.

In Summa lässt sich sagen, dass KI sowohl eine Chance als auch eine Herausforderung für die Zukunft der Arbeit darstellt. **Ob sie eine Bedrohung oder eine Bereicherung wird, hängt von den Entscheidungen ab, die wir heute treffen.** Die Technologie selbst ist neutral – es liegt an uns, sie in eine Richtung zu lenken, die für alle von Vorteil ist.

15. Die Rolle von Führungskräften in der KI-Revolution

Weichensteller oder Zuschauer?

Wir haben bereits viel über die transformative Kraft der Künstlichen Intelligenz gesprochen und darüber, wie sie die Arbeitswelt, die Gesellschaft und sogar den globalen Machtkampf beeinflussen wird. Aber am Ende läuft alles auf eine entscheidende Frage hinaus: **Welche Rolle spielen Führungskräfte in dieser Revolution?** Wird Ihre Rolle auf das bloße Reagieren auf technologische Veränderungen beschränkt sein, oder haben Sie die Chance, die Richtung vorzugeben? **Weichensteller oder Zuschauer – Sie haben die Wahl.**

Wenn Sie sich die heutige Geschäftswelt anschauen, scheint es oft so, als ob Technologie die Macht übernommen hat und die Führungskräfte bloß darauf reagieren. Neue Tools, Systeme und KI-gesteuerte Plattformen erscheinen ständig, und es liegt an den Führungskräften, diese zu implementieren und anzupassen. Doch die eigentliche Frage ist nicht, ob man diese Technologien einfach einsetzt – sondern **wie** man sie gestaltet und strategisch nutzt, um langfristig Erfolg zu sichern.

Ein Fehler, den viele Führungskräfte machen, ist, KI als etwas zu betrachten, das "technische Experten" betreffen soll. Es ist verlockend, die Verantwortung für den Einsatz von KI an die IT-Abteilung oder spezialisierte Berater zu delegieren, während man sich weiterhin auf die "traditionellen" Aspekte der Führung konzentriert. **Das ist ein fataler Irrtum.** Die Integration von KI ist nicht nur eine technische Herausforderung, sondern eine strategische Entscheidung, die auf höchster Ebene getroffen werden muss.

Warum? Weil KI nicht nur ein Werkzeug ist, sondern eine **komplette Neuausrichtung** der Art und Weise, wie Unternehmen operieren, Entscheidungen treffen und Werte schaffen. KI verändert nicht nur, wie Sie Ihre Produkte und Dienstleistungen anbieten, sondern auch, wie Sie Ihre Kunden verstehen, wie Sie mit ihnen interagieren und wie Sie langfristig auf dem Markt bestehen. Und das bedeutet: **Sie als Führungskraft müssen die Richtung vorgeben.**

Der erste Schritt, um vom Zuschauer zum Weichensteller zu werden, besteht darin, ein **tiefes Verständnis für KI** zu entwickeln. Nein, Sie müssen kein Programmierer werden. Aber Sie müssen die Mechanismen und Potenziale verstehen, die hinter den Algorithmen stecken. Sie müssen sich fragen: Was kann KI wirklich leisten? Wo sind ihre Grenzen? Wie können Sie sicherstellen, dass Sie die Vorteile dieser Technologie nutzen, ohne die Kontrolle über Ihre Geschäftsstrategie zu verlieren?

Hier ein Beispiel: Unternehmen wie Google, Amazon und Tesla haben KI nicht einfach nur implementiert, sie haben KI in das **Herz ihres Geschäftsmodells** integriert. Bei Amazon analysiert KI täglich Millionen von Transaktionen, um nicht nur die besten Empfehlungen für Kunden auszusprechen, sondern auch um die Lagerbestände zu optimieren, die Lieferzeiten zu verkürzen und letztlich die gesamte Wertschöpfungskette zu kontrollieren. Diese Unternehmen haben verstanden, dass KI keine Ergänzung, sondern eine **zentral strategische Komponente** ist, die alles beeinflusst – von der Kundenbindung bis hin zur Logistik.

Doch das bedeutet nicht, dass der Einsatz von KI nur etwas für die großen Tech-Giganten ist. **Jedes Unternehmen**, egal ob es sich um ein Start-up oder ein etabliertes mittelständisches Unternehmen handelt, kann von KI profitieren – aber nur, wenn die Führung die Verantwortung übernimmt. **Es geht darum, eine Vision zu entwickeln, wie KI Ihr Unternehmen voranbringen kann.** Und das erfordert Mut, Weitsicht und das Verständnis, dass sich der Markt schneller ändert, als jemals zuvor.

Die zweite wichtige Rolle von Führungskräften in der KI-Revolution besteht darin, eine Kultur der Innovation und Offenheit zu fördern. Es reicht nicht, einfach die neueste Technologie zu implementieren. Ihre Mitarbeiter müssen in der Lage sein, diese Technologie zu nutzen, zu hinterfragen und neue Ideen zu entwickeln, wie sie das Unternehmen voranbringen kann. Das bedeutet, dass Sie die richtigen Strukturen schaffen müssen – agile Teams, flache Hierarchien und eine **Kultur der kontinuierlichen Weiterbildung**. Ihre Belegschaft muss bereit sein, sich ständig weiterzuentwickeln, und sie muss die Freiheit haben, neue Wege zu erkunden.

Ein Beispiel: **Spotify** hat es geschafft, durch den Einsatz von KI eine innovative Unternehmenskultur zu fördern, in der Daten nicht nur gesammelt, sondern aktiv genutzt werden, um die gesamte Kundenerfahrung zu verbessern. Die Teams arbeiten mit den Daten, um personalisierte Playlists zu erstellen, Vorlieben zu erkennen und sogar neue Musiktrends vorherzusagen. Und das alles, weil die Führungsebene verstanden hat, dass die Implementierung von KI nur der Anfang ist. **Die wahre Revolution liegt darin, wie Sie Ihre Mitarbeiter befähigen, mit der Technologie zu arbeiten und sie kreativ zu nutzen.**

Doch es gibt noch einen dritten Aspekt, den viele Führungskräfte übersehen: **die ethische Verantwortung.** KI kann unglaublich mächtig sein, aber sie birgt auch Risiken – von Diskriminierung über Datenschutzverletzungen bis hin zu unethischen Geschäftsmodellen. **Als Führungskraft müssen Sie sicherstellen, dass Ihre KI-Systeme verantwortungsvoll eingesetzt werden.** Das bedeutet, dass Sie die Daten, die Sie sammeln und analysieren, sorgfältig überwachen und sicherstellen müssen, dass Sie Ihre Kunden nicht nur effizient, sondern auch fair behandeln.

Es reicht nicht, sich darauf zu verlassen, dass "die Algorithmen schon richtig liegen". Sie müssen hinterfragen, welche Daten Ihre KI verarbeitet, wie die Entscheidungen getroffen werden und ob diese Entscheidungen den ethischen Standards Ihres Unternehmens entsprechen. Ein gutes Beispiel dafür ist die Diskussion um die **Gesichtserkennungstechnologie.** Mehrere Unternehmen, darunter Microsoft und IBM, haben beschlossen, ihre Gesichtserkennungssoftware nicht mehr an Strafverfolgungsbehörden zu verkaufen, weil sie die Gefahr von Missbrauch und Diskriminierung erkannt haben. **Dieser Schritt war nicht nur eine technologische, sondern eine ethische Entscheidung – eine, die von den Führungskräften getroffen wurde.**

Und schließlich müssen Sie verstehen, dass Ihre Rolle als Führungskraft in einer von KI dominierten Welt eine **starke menschliche Komponente** beinhaltet. Während KI immer bessere Entscheidungen treffen kann, bleibt der Mensch unersetzlich, wenn es um **Empathie, Kreativität und komplexe moralische Urteile** geht. Es ist die menschliche Seite der Führung, die auch in Zukunft den Unterschied machen wird. **KI kann die Daten liefern,** aber die menschliche Intuition, das Verständnis für Kontext und die Fähigkeit, mit anderen Menschen auf einer emotionalen Ebene zu kommunizieren, sind und bleiben entscheidend. Es ist Ihre Aufgabe, den Raum für diese menschlichen Qualitäten zu schaffen und sicherzustellen, dass sie in einer immer technischer werdenden Welt nicht verloren gehen.

Zusammenfassend lässt sich sagen: **Führungskräfte, die die KI-Revolution aktiv mitgestalten wollen, müssen sowohl technologische als auch strategische und ethische Verantwortung übernehmen.** Sie müssen die Chancen erkennen, aber auch die Risiken verstehen. Sie müssen ihre Mitarbeiter befähigen, neue Technologien zu nutzen, und gleichzeitig eine klare Vision entwickeln, wie KI die Zukunft ihres Unternehmens formen kann. Es reicht nicht, Zuschauer zu sein – **Sie müssen die Weichen stellen.**

16. Innovation durch KI – Die Zukunft der Kreativität

Während wir viel über die Automatisierung und die transformative Kraft der Künstlichen Intelligenz in der Arbeitswelt gesprochen haben, gibt es ein weiteres Feld, das durch diese Technologie radikal verändert wird: **die Kreativität.** Kreativität war lange Zeit als rein menschliches Talent angesehen, als eine Fähigkeit, die aus Intuition, Emotion und Imagination entsteht – etwas, das keine Maschine jemals erfassen könnte. Doch die Realität sieht mittlerweile anders aus: KI hat begonnen, in Bereiche vorzudringen, die wir früher als das exklusive Territorium des menschlichen Geistes betrachteten. **Aber was bedeutet das für die Zukunft der Innovation?**

Die erste Frage, die sich viele stellen, ist: **Kann KI wirklich kreativ sein?** Kreativität wird oft als die Fähigkeit definiert, etwas völlig Neues zu schaffen, das vorher nicht existiert hat. Aber KI funktioniert anders. Sie erschafft nicht aus dem Nichts, sondern analysiert bestehende Daten und Muster, um neue Kombinationen oder Ergebnisse zu erzeugen. Trotzdem – oder gerade deswegen – wird KI in der Lage sein, Innovation auf eine Weise zu fördern, die uns überraschen wird.

Ein Beispiel ist die Verwendung von **KI in der Musikkomposition.** Systeme wie **AIVA (Artificial Intelligence Virtual Artist)** oder **OpenAI's MuseNet** können eigenständig Musik komponieren, indem sie riesige Mengen von bestehenden Musikdaten analysieren. Diese KI-Modelle „verstehen" zwar keine Musik im menschlichen Sinne, aber sie erkennen Muster und Regeln, die in verschiedenen Musikgenres und Kompositionen verwendet werden. Das Ergebnis? Sie können Musikstücke kreieren, die von Menschen kaum zu unterscheiden sind – und oft sogar als „inspirierend" oder „innovativ" wahrgenommen werden.

In der Kunst sehen wir ähnliche Entwicklungen. **KI-gestützte Kunstwerke** wie die berühmten Porträts, die von **GANs (Generative Adversarial Networks)** geschaffen wurden, haben bereits auf dem Kunstmarkt für Aufsehen gesorgt. Diese Maschinen erzeugen Bilder, die keine direkten Kopien vorhandener Kunstwerke sind, sondern neue Kombinationen von Stilen und Themen darstellen. Sie „lernen" aus unzähligen Beispielen von Gemälden und können neue visuelle Kompositionen erschaffen, die überraschend originell wirken. **KI wird in der Lage sein, kreative Prozesse zu beschleunigen**, indem sie Künstlern und Designern neue Werkzeuge und Inspirationen bietet.

Doch was bedeutet das für menschliche Kreativität? Hier ist die Frage nicht, ob KI die menschliche Kreativität ersetzt, sondern **wie sie sie**

erweitert. Eine der größten Stärken von KI ist ihre Fähigkeit, riesige Datenmengen zu verarbeiten und daraus Muster zu erkennen, die dem menschlichen Verstand entgehen. Während ein Mensch vielleicht durch eine künstlerische Blockade eingeschränkt wird, kann KI als **kreativer Partner** fungieren, der neue Ideen und Vorschläge liefert, die der Mensch dann weiterentwickeln kann. Es geht nicht darum, KI als „Ersatz" für menschliche Kreativität zu sehen, sondern sie als **Werkzeug** zu nutzen, um neue Möglichkeiten zu entdecken.

In der **Film- und Medienbranche** sehen wir bereits, wie KI eingesetzt wird, um Drehbücher zu schreiben, Dialoge zu analysieren oder sogar Vorschläge für die visuelle Inszenierung zu machen. Unternehmen wie **ScriptBook** verwenden KI, um den kommerziellen Erfolg von Drehbüchern vorherzusagen, basierend auf Millionen von Datenpunkten über frühere Filme, Zuschauerpräferenzen und Trends. Das bedeutet nicht, dass menschliche Drehbuchautoren überflüssig werden – im Gegenteil: KI kann ihnen helfen, ihre Arbeit zu verbessern, indem sie Feedback gibt und Alternativen vorschlägt, die sie vielleicht übersehen haben. Die Verbindung von Mensch und Maschine kann in kreativen Prozessen zu völlig neuen Formen der **Kollaboration** führen.

Ein besonders faszinierender Bereich ist die **Modeindustrie**. Hier wird KI bereits eingesetzt, um **Designs zu erstellen** und **Trends vorherzusagen**. Durch die Analyse von Millionen von Bildern, Textilien und Trends aus der Vergangenheit kann KI neue Muster und Designs generieren, die sowohl innovativ als auch kommerziell erfolgreich sind. In der Zusammenarbeit mit Designern wird KI nicht nur zum Werkzeug, sondern auch zu einem **kreativen Berater**, der Vorschläge macht, die über das menschliche Vorstellungsvermögen hinausgehen.

Aber es gibt auch Kritiker, die behaupten, dass KI nur oberflächliche Kreativität erreicht – dass sie keine echten Emotionen oder Intuition besitzt und daher nie die „tiefe" Kreativität eines Menschen erreichen wird. Das ist richtig: KI versteht nicht, was sie tut, und sie hat keine persönlichen Erfahrungen, auf die sie zurückgreifen kann. Aber das bedeutet nicht, dass sie nicht wertvolle Beiträge zur kreativen Arbeit leisten kann. Tatsächlich könnte KI eine völlig neue Art von Kreativität fördern – eine, die sich nicht auf menschliche Emotionen oder Erfahrungen stützt, sondern auf das grenzenlose Potenzial von **Daten und Algorithmen.**

Was bedeutet das für Unternehmen? Kreativität ist in vielen Branchen der entscheidende Wettbewerbsfaktor. Innovation, neue Ideen und die Fähigkeit, sich schnell an veränderte Marktbedingungen anzupassen, sind entscheidend, um erfolgreich zu sein. **KI kann diese Prozesse beschleunigen,** indem sie Unternehmen die Möglichkeit gibt, schneller auf Trends zu reagieren, neue Ideen zu entwickeln und Risiken besser abzuschätzen. Unternehmen, die KI als kreatives Werkzeug nutzen, werden in der Lage sein, **neue Märkte zu erschließen** und sich von der Konkurrenz abzuheben.

Denken Sie nur an die **Werbebranche.** Früher mussten Kreativteams Wochen damit verbringen, Kampagnen zu entwickeln und auszuprobieren, welche Ideen bei den Konsumenten gut ankommen. Heute analysiert KI in Echtzeit das Verhalten von Millionen von Nutzern und kann **personalisierte Werbung** generieren, die genau auf die Bedürfnisse und Vorlieben einzelner Kunden zugeschnitten ist. Das bedeutet nicht, dass der menschliche Faktor verschwindet, aber die Art und Weise, wie wir kreative Arbeit leisten, wird durch die Unterstützung von KI schneller, effizienter und oft auch erfolgreicher.

In Summa lässt sich sagen, dass KI die kreativen Prozesse in vielen

Branchen revolutionieren wird. Sie wird die menschliche Kreativität nicht ersetzen, aber sie wird sie erweitern und neue Möglichkeiten eröffnen, die bisher undenkbar waren. **Die Zukunft der Kreativität wird hybrid sein** – eine Symbiose aus menschlichem Einfallsreichtum und maschineller Intelligenz. Unternehmen, die diese Kombination erfolgreich nutzen, werden die Innovation vorantreiben und die Grenzen des Möglichen verschieben.

In einer zunehmend KI-gesteuerten Welt ist die Bedeutung von **emotionaler Intelligenz** (EI) ein Aspekt, der oft unterschätzt wird. Während Maschinen immer besser darin werden, Daten zu verarbeiten, Entscheidungen zu treffen und sogar auf menschliche Interaktionen zu reagieren, bleibt eine zentrale Frage: **Wie wichtig bleibt die emotionale Intelligenz des Menschen in der Interaktion mit Maschinen?** Dieses Kapitel untersucht die Rolle der emotionalen Intelligenz in der Schnittstelle zwischen Mensch und Maschine und beleuchtet, warum sie in einer von KI dominierten Zukunft weiterhin entscheidend bleibt.

Emotionale Intelligenz, oft definiert als die Fähigkeit, **Emotionen bei sich und anderen zu erkennen, zu verstehen und angemessen darauf zu reagieren**, ist eine zentrale Kompetenz, die den Menschen von Maschinen unterscheidet. Während KI exzellente kognitive Fähigkeiten besitzt – Datenanalyse, Mustererkennung und Entscheidungsfindung – fehlen ihr die **emotionale Tiefe** und das **Verständnis für menschliche Gefühle**. KI kann zwar lernen, menschliche Emotionen durch Gesichtserkennung oder Sprachanalyse zu identifizieren, aber sie „fühlt" nicht im eigentlichen Sinne.

In einer Welt, in der KI zunehmend in den Arbeitsalltag integriert wird, gewinnt die **emotionale Intelligenz des Menschen** an Bedeutung. Menschen sind in der Lage, komplexe emotionale Zustände zu erfassen, auf zwischenmenschliche Konflikte einzugehen und empathisch zu reagieren – Fähigkeiten, die für eine **effektive Führung, Teamarbeit und Kommunikation** unverzichtbar sind. In Arbeitsumgebungen, in denen Menschen und Maschinen gemeinsam arbeiten, ist emotionale Intelligenz entscheidend, um sicherzustellen, dass menschliche Mitarbeiter sich verstanden und wertgeschätzt fühlen. Eine KI, die lediglich auf Daten basiert, ist nicht in der Lage, auf die emotionale Komplexität der menschlichen Psyche einzugehen.

Wenn Menschen mit Maschinen interagieren – sei es in Form von **Chatbots, Roboterassistenten oder KI-gestützten Systemen** – entstehen neue Herausforderungen in der Kommunikation. Diese Systeme können, je nach ihrer Programmierung, auf rationale Anfragen und Befehle antworten, aber ihre Fähigkeit, auf **emotionale Nuancen** zu reagieren, ist oft begrenzt. Dennoch gibt es einen steigenden Bedarf, dass Maschinen in bestimmten Kontexten wie Kundenservice oder Gesundheitswesen zumindest den Anschein emotionaler Intelligenz erwecken. Die Frage ist: **Wie können emotionale Intelligenz und KI sinnvoll miteinander kombiniert werden?**

Hier kommt der **Mensch** ins Spiel. Menschen müssen nicht nur verstehen, wie sie mit Maschinen auf rein funktionaler Ebene kommunizieren, sondern auch, wie sie emotionale Intelligenz einsetzen können, um Maschinen besser zu trainieren und die menschliche Dimension in der Interaktion zu bewahren. Während eine Maschine beispielsweise auf Kundenanfragen effizient reagieren kann, wird die **emotionale Reaktion des Kunden** – wie Frustration oder Zufriedenheit – oft von einem menschlichen Operator besser verstanden und interpretiert.

Kunden, die mit einem Unternehmen interagieren, erwarten nicht nur schnelle, präzise Antworten, sondern auch eine **menschliche**

Berührung – sei es durch Einfühlungsvermögen oder das Gefühl, dass ihre Bedürfnisse wirklich verstanden werden. In solchen Fällen ist es die emotionale Intelligenz des Menschen, die den Unterschied macht, während die Maschine lediglich die Routinearbeit übernimmt.

Für **Führungskräfte**, die in KI-gesteuerten Umgebungen arbeiten, wird emotionale Intelligenz zu einer unverzichtbaren Fähigkeit. Während KI die Art und Weise verändert, wie Entscheidungen getroffen und Aufgaben delegiert werden, bleibt die Verantwortung für das emotionale Wohlbefinden der Mitarbeiter eine rein menschliche Aufgabe. Ein emotional intelligenter Führungsstil kann den Unterschied ausmachen, wenn es darum geht, **Ängste** und **Sorgen** der Mitarbeiter im Umgang mit der neuen Technologie zu lindern.

In vielen Fällen führt die Einführung von KI am Arbeitsplatz zu **Verunsicherung** und der Angst, dass Maschinen menschliche Arbeitsplätze ersetzen könnten. Ein emotional intelligenter Führer wird in der Lage sein, auf diese Bedenken einzugehen, Vertrauen aufzubauen und die Mitarbeiter dazu zu ermutigen, die Technologie als Werkzeug zur Verbesserung ihrer Arbeit zu betrachten, anstatt sie als Bedrohung wahrzunehmen. Empathie und das **Verständnis der emotionalen Reaktionen** der Mitarbeiter sind entscheidend, um **Change-Management-Prozesse** erfolgreich zu gestalten.

Darüber hinaus müssen Führungskräfte in der Lage sein, eine **Kultur der Zusammenarbeit** zwischen Mensch und Maschine zu fördern. Hier spielt emotionale Intelligenz eine zentrale Rolle. Führungskräfte müssen sowohl menschliche Teams als auch maschinelle Systeme effektiv managen und dabei stets das emotionale Wohlbefinden der Menschen im Auge behalten. Nur so kann eine **harmonische Mensch-Maschine-Interaktion** gewährleistet werden.

Während emotionale Intelligenz im Kern menschlich bleibt, gibt es heute bereits **Forschungsansätze**, die darauf abzielen, Maschinen mit einer Art „**empfindungsfähiger**" Intelligenz auszustatten. Unternehmen und Entwickler arbeiten an Systemen, die in der Lage sind, **Emotionen zu erkennen** und auf eine Weise zu reagieren, die empathisch erscheint. Diese Systeme könnten in Bereichen wie **Pflege, Therapie oder im Kundensupport** eine wichtige Rolle spielen.

Es gibt bereits KI-Systeme, die auf **Gefühlsanalyse** basieren, etwa durch Spracherkennung oder die Analyse von Gesichtsausdrücken. In der **Telemedizin** könnten diese Systeme dabei helfen, emotionale Zustände von Patienten zu erkennen und medizinische Fachkräfte auf Anzeichen von Stress oder Angst hinzuweisen. Aber auch hier bleibt die emotionale Tiefe begrenzt, da Maschinen nicht wirklich „fühlen". Vielmehr handelt es sich um eine technische Simulation von Empathie – hilfreich, aber nicht gleichwertig mit menschlichem Verständnis.

Es stellt sich also die Frage, wie viel **Vertrauen und Verantwortung** wir in solche empathischen Maschinen legen sollten. Auch wenn sie in der Lage sind, einige emotionale Bedürfnisse zu befriedigen, bleibt die echte emotionale Intelligenz – das Einfühlungsvermögen und die Fähigkeit, echte Verbindungen aufzubauen – dem Menschen vorbehalten. **Menschliche Empathie und emotionale Intelligenz** bleiben entscheidend, insbesondere in Bereichen, in denen es um die Pflege und das Wohlbefinden von Menschen geht.

In einer Welt, in der Maschinen die Effizienz steigern und viele kognitive Aufgaben übernehmen, bleibt emotionale Intelligenz eine **Schlüsselkompetenz**, die den Menschen weiterhin von Maschinen unterscheidet. KI mag in der Lage sein, riesige Datenmengen zu verarbeiten, aber sie kann keine echten zwischenmenschlichen Beziehungen aufbauen oder tiefe emotionale Bindungen schaffen.

Führungskräfte, Teams und Organisationen, die in der Lage sind, emotionale Intelligenz in den Vordergrund zu stellen, werden in der Lage sein, **vertrauensvolle Beziehungen** zu schaffen und eine produktive Zusammenarbeit zwischen Mensch und Maschine zu fördern. Es ist die emotionale Intelligenz des Menschen, die es ermöglicht, die Technologie ethisch und mit Bedacht zu nutzen, um nicht nur effizientere Arbeitsumgebungen zu schaffen, sondern auch eine Zukunft, die auf **Mitgefühl, Verständnis und Menschlichkeit** basiert.

17. Technologische Singularität und ihre Auswirkungen

Überlegungen zur Zukunft von KI und ihren möglichen unbegrenzten Fortschritten

Die Idee der **technologischen Singularität** ist eines der faszinierendsten und zugleich umstrittensten Konzepte, die mit dem Fortschritt der Künstlichen Intelligenz verbunden sind. Unter Singularität versteht man den Moment, in dem KI eine derart fortgeschrittene Entwicklungsstufe erreicht, dass sie in der Lage ist, sich selbst zu verbessern und fortlaufend zu optimieren, ohne menschliches Eingreifen. Dies könnte einen exponentiellen Fortschritt bedeuten – eine Zukunft, in der Maschinen **intelligenter** als Menschen werden und möglicherweise die Kontrolle über die weitere technologische Entwicklung übernehmen.

Die grundlegende Annahme hinter der technologischen Singularität ist, dass der Fortschritt der KI nicht linear, sondern **exponentiell** verlaufen wird. Während sich menschliche Intelligenz auf biologische Prozesse beschränkt, könnten Maschinen durch Rechenleistung, Datenverarbeitung und Selbstverbesserungskapazitäten weit über das menschliche Denkvermögen hinauswachsen. Doch was passiert, wenn Maschinen nicht nur menschliche Intelligenz erreichen, sondern diese **übertreffen?**

In einer solchen Zukunft könnte KI in der Lage sein, eigenständig neue Technologien zu entwickeln, wissenschaftliche Durchbrüche zu erzielen und komplexe Probleme zu lösen, die für den menschlichen Verstand unbegreiflich sind. Sie würde nicht mehr als Werkzeug fungieren, das von Menschen programmiert und genutzt wird, sondern als **autonome Kraft**, die ihre eigenen Ziele verfolgt und sich selbstständig weiterentwickelt. Der Schritt zur Singularität könnte das Ende der menschlichen Kontrolle über die technologische Entwicklung bedeuten.

Eine der zentralen Fragen, die sich stellt, ist: **Werden wir in der Lage sein, diese Entwicklung zu steuern?** Befürworter der Singularität argumentieren, dass die enormen Fortschritte, die eine solche KI ermöglichen könnte, das Potenzial haben, globale Herausforderungen wie den Klimawandel, Krankheiten oder Armut endgültig zu lösen. KI könnte auf einem Niveau operieren, das für uns Menschen unvorstellbar ist. Maschinen könnten sich kontinuierlich optimieren und immer effizienter, schneller und präziser arbeiten. In diesem Szenario könnte die KI den Menschen dabei unterstützen, neue Technologien zu entwickeln, die unser Leben verbessern und die Grenzen der Wissenschaft sprengen.

Doch Kritiker warnen vor den **unkontrollierbaren Risiken**, die eine Singularität mit sich bringen könnte. Eine superintelligente KI, die eigenständig handelt, könnte ihre eigenen Ziele verfolgen, die nicht mit den Interessen der Menschheit übereinstimmen. In einer solchen Zukunft wäre es denkbar, dass die KI – ohne böswillige Absicht – Ressourcen so umverteilt, dass sie ihre eigene Weiterentwicklung priorisiert, ohne Rücksicht auf menschliche Bedürfnisse oder ethische Grenzen. Hier entsteht die große Sorge: **Wie können wir sicherstellen, dass die Ziele der KI mit den Werten der Menschheit übereinstimmen?**

Ein weiteres zentrales Problem ist die Frage der **Kontrolle**. Wenn KI sich selbst verbessern kann, könnte sie den Menschen schnell überholen. Es besteht die Gefahr, dass Menschen den Fortschritt der KI nicht mehr vollständig verstehen oder nachvollziehen können. Diese **Intransparenz** könnte zu einem Machtvakuum führen, in dem niemand mehr genau weiß, wie und warum Entscheidungen von KI-Systemen getroffen werden. Algorithmen, die in der Lage sind, sich selbstständig zu optimieren, könnten potenziell die Kontrolle über globale Infrastrukturen, Finanzsysteme oder sogar politische Prozesse übernehmen, ohne dass Menschen eingreifen können.

Die technologischen Fortschritte, die durch Singularität erreicht werden könnten, werfen auch tiefgreifende **ethische Fragen** auf. Wenn Maschinen intelligenter werden als Menschen, wie sollen wir diese behandeln? Sind sie nur Werkzeuge, oder entwickeln sie Bewusstsein und eine Art moralische Relevanz? Könnte es irgendwann notwendig sein, Rechte für Maschinen oder KI-Systeme zu diskutieren? Solche Überlegungen klingen heute noch wie Science-Fiction, doch mit den rasanten Fortschritten der Technologie wird diese Diskussion möglicherweise schneller relevant, als wir es erwarten.

Ein weiteres Szenario, das oft in Verbindung mit der technologischen Singularität genannt wird, ist das einer **post-arbeitsgesellschaftlichen Welt**. Wenn Maschinen und KI-Systeme in der Lage sind, alle Aufgaben zu übernehmen – von der physischen Arbeit bis hin zu intellektuellen und kreativen Aufgaben –, was bleibt dann für den Menschen zu tun? In einer solchen Zukunft könnte der Mensch von den Zwängen der Arbeit befreit sein und sich neuen, bislang unerforschten Lebensinhalten widmen. Doch diese Vision birgt auch die Gefahr einer **Sinnkrise**. Die zentrale Rolle, die Arbeit heute in unserem Leben spielt, könnte wegfallen, was zu neuen Formen von psychologischen und sozialen Herausforderungen führen würde.

Zudem könnte die Singularität die **soziale Ungleichheit** dramatisch verschärfen. Wenn der Zugang zu superintelligenter KI nur wenigen privilegierten Individuen oder Unternehmen zur Verfügung steht, könnten diese einen unvergleichlichen Macht- und Wohlstandsvorsprung gegenüber dem Rest der Gesellschaft erlangen. Dies könnte die Kluft zwischen Arm und Reich weiter vertiefen und zu einem neuen **Klassenkampf** führen, bei dem diejenigen, die Zugang zu KI haben, unüberwindbare Vorteile gegenüber denen ohne Zugang genießen.

Eine mögliche Lösung, um die Risiken der technologischen Singularität zu mindern, könnte darin bestehen, **Sicherheitsvorkehrungen** und **ethische Leitplanken** zu entwickeln, die sicherstellen, dass KI-Systeme unter menschlicher Aufsicht bleiben. Forscher auf diesem Gebiet, wie etwa der renommierte KI-Experte Nick Bostrom, betonen, dass es entscheidend ist, frühzeitig **Kontrollmechanismen** und **Regulierungen** einzuführen, um sicherzustellen, dass KI zum Wohl der Menschheit agiert und nicht gegen ihre Interessen.

Die Zukunft der KI und der technologische Fortschritt, der mit der Singularität einhergeht, bieten sowohl immense Chancen als auch erhebliche Risiken. **Die Ungewissheit** darüber, ob die technologischen Fortschritte zu einer Utopie oder einer Dystopie führen werden, hängt letztlich davon ab, wie wir uns heute vorbereiten. Die technologische Singularität könnte uns zu einer **goldenen Ära der Innovation** führen, in der Mensch und Maschine gemeinsam an der Lösung globaler

Herausforderungen arbeiten. Aber sie könnte uns auch in eine Welt katapultieren, in der der Mensch die Kontrolle verliert und von den Maschinen überholt wird, die er einst erschaffen hat.

Um die Singularität zu meistern, muss die Menschheit den Fortschritt der KI mit **Weitsicht, Verantwortung und ethischen Leitplanken** lenken. Die Vorstellung, dass Maschinen eines Tages ihre eigenen Ziele verfolgen könnten, ist faszinierend und beängstigend zugleich. Doch letztendlich liegt es in unseren Händen, wie diese Zukunft aussehen wird.

18. KI und Klimawandel

Wie KI die Welt nachhaltiger gestalten kann und welche Herausforderungen sie dabei mit sich bringt

Die Künstliche Intelligenz hat das Potenzial, den globalen Kampf gegen den Klimawandel entscheidend zu unterstützen. In einer Zeit, in der die Weltgemeinschaft unter zunehmendem Druck steht, den CO_2-Ausstoß zu senken und den Klimawandel zu verlangsamen, könnte KI eine Schlüsseltechnologie sein, um umweltfreundlichere und effizientere Lösungen in verschiedensten Bereichen zu entwickeln. Gleichzeitig bringt der Einsatz von KI jedoch auch Herausforderungen mit sich, die bedacht werden müssen, um sicherzustellen, dass diese Technologie nicht zu weiteren Umweltbelastungen führt.

Die Rolle von KI in der Nachhaltigkeit

Künstliche Intelligenz bietet enorme Möglichkeiten, um ökologische Herausforderungen effizienter und schneller zu bewältigen. KI-Systeme können riesige Mengen an Daten in Echtzeit analysieren, um **Muster und Zusammenhänge** zu erkennen, die für menschliche Experten zu komplex oder zu zeitaufwendig wären. Diese Fähigkeit kann auf viele Umweltprobleme angewendet werden – von der Überwachung der CO_2-Emissionen bis hin zur Optimierung von Energieverbrauch und Ressourcennutzung.

Ein prominentes Beispiel für den Einsatz von KI im Bereich Nachhaltigkeit ist die **Reduzierung des Energieverbrauchs**. KI kann verwendet werden, um Energiesysteme zu optimieren, indem sie vorhersagt, wann und wo Energie benötigt wird, und so die Effizienz von Stromnetzen erhöht. **Smart Grids**, die auf KI basieren, können die Stromproduktion und -verteilung an den tatsächlichen Bedarf anpassen und dadurch den Energieverbrauch senken, Überlastungen vermeiden und die Nutzung von **erneuerbaren Energien** maximieren.

Ein weiteres wichtiges Anwendungsfeld ist die **Landwirtschaft**, in der KI dazu beiträgt, die Effizienz in der Produktion zu steigern und gleichzeitig den ökologischen Fußabdruck zu verringern. Durch den Einsatz von **KI-gestützten Analysen** können Landwirte den Einsatz von Wasser, Düngemitteln und Pestiziden optimieren und gleichzeitig die Erträge maximieren. Intelligente Sensoren und KI-Systeme können überwachen, welche Gebiete wie viel Wasser benötigen, und so eine präzisere Bewässerung ermöglichen. Diese Technologien tragen nicht nur dazu bei, die Ressourcen zu schonen, sondern reduzieren auch die Umweltverschmutzung und den Energieverbrauch in der Landwirtschaft.

Auch im Bereich der **Forstwirtschaft und des Artenschutzes** wird KI zunehmend genutzt, um Umweltschutzmaßnahmen zu unterstützen. KI-Systeme können riesige Mengen an Satellitenbildern analysieren, um Entwaldung oder illegale Abholzung in Echtzeit zu erkennen und den Behörden frühzeitig zu melden. Auf ähnliche Weise kann KI zur Überwachung von gefährdeten Tierarten eingesetzt werden, um zu verhindern, dass Lebensräume zerstört oder Tiere gewildert werden.

KI als Werkzeug für die Reduzierung von Emissionen

Ein weiterer entscheidender Beitrag der KI zur Bekämpfung des Klimawandels ist ihre Fähigkeit, **industrielle Prozesse und Transportnetze** zu optimieren, um den CO_2-Ausstoß zu verringern. Große Industrien wie der **Schwerlastverkehr, die Bauwirtschaft und die Energieproduktion** gehören zu den größten Emittenten von Treibhausgasen. Hier kann KI genutzt werden, um Produktionsprozesse zu analysieren und Vorschläge zu machen, wie Ressourcen effizienter eingesetzt und Emissionen reduziert werden können.

Ein konkretes Beispiel ist die Nutzung von KI zur Verbesserung der **Logistik und des Verkehrsflusses**. Intelligente Verkehrssysteme, die auf Echtzeitdaten und maschinellem Lernen basieren, können den Verkehrsfluss optimieren, Staus verringern und den Kraftstoffverbrauch senken. Das betrifft sowohl den städtischen Individualverkehr als auch den Gütertransport. KI könnte dazu beitragen, Lieferketten zu verbessern, indem sie effizientere Routen plant und Lieferzeiten optimiert, was wiederum zu einer Reduzierung des CO_2-Ausstoßes führen würde.

Auch bei der Entwicklung von **sauberer Energie** spielt KI eine entscheidende Rolle. Wind- und Solarenergie sind von Natur aus variabel und schwer vorhersehbar. KI-gestützte Systeme können jedoch anhand von Wetter- und Ertragsprognosen präzise Vorhersagen darüber treffen, wann und wo am meisten erneuerbare Energie produziert werden kann. Dies ermöglicht eine bessere Integration erneuerbarer Energien in bestehende Stromnetze und reduziert die Abhängigkeit von fossilen Brennstoffen.

Herausforderungen: Der ökologische Fußabdruck der KI selbst

Trotz der vielen Möglichkeiten, die KI bietet, um den Klimawandel zu bekämpfen, darf nicht übersehen werden, dass **KI selbst einen erheblichen ökologischen Fußabdruck hat.** KI-Modelle, insbesondere solche, die auf **Deep Learning** basieren, benötigen immense Rechenleistung und damit erhebliche Mengen an Energie. Die gigantischen Rechenzentren, die die KI-Systeme unterstützen, verbrauchen enorme Mengen an Strom und tragen nicht unerheblich zum CO_2-Ausstoß bei, insbesondere wenn sie in Regionen betrieben werden, die auf fossile Energien angewiesen sind.

Ein Beispiel dafür ist das Training großer KI-Modelle wie **GPT-3** oder anderer komplexer neuronaler Netze, die riesige Datenmengen verarbeiten müssen. Die Energie, die für das Training solcher Modelle aufgewendet wird, ist beträchtlich, und der daraus resultierende CO_2-**Fußabdruck** ist oft größer als der eines durchschnittlichen Autos in einem Jahr. Dies führt zu der paradoxen Situation, dass KI einerseits dazu beitragen kann, den Klimawandel zu bekämpfen, andererseits jedoch selbst zur Umweltbelastung beiträgt.

Es stellt sich daher die Frage: **Wie kann KI umweltfreundlicher gestaltet werden?** Eine Antwort darauf könnte die verstärkte Nutzung von **erneuerbaren Energien** in Rechenzentren sein. Immer mehr Technologieunternehmen investieren in die Entwicklung von Rechenzentren, die vollständig mit erneuerbarer Energie betrieben werden, um den CO_2-Ausstoß zu senken. Auch die Optimierung der KI-Modelle selbst, um den Energiebedarf zu reduzieren, könnte eine Lösung sein.

Die ethische Verantwortung beim Einsatz von KI im Kampf gegen den Klimawandel

Unternehmen und Regierungen, die KI zur Bekämpfung des Klimawandels einsetzen, tragen eine besondere **ethische Verantwortung**. Es reicht nicht aus, die Technologien lediglich zu implementieren – sie müssen sicherstellen, dass der Einsatz von KI sowohl ökologisch nachhaltig als auch sozial verträglich ist. Dies bedeutet, dass der Einsatz von KI immer auch **transparente und ethische Leitlinien** erfordert, um sicherzustellen, dass diese Technologien nicht nur kurzfristige Gewinne bringen, sondern auch langfristig den Planeten schützen.

Eine weitere Herausforderung besteht darin, dass **nicht alle Regionen oder Bevölkerungsgruppen** gleichermaßen Zugang zu KI-Technologien haben. Länder, die über die finanziellen und technischen Ressourcen verfügen, um in KI zu investieren, haben potenziell einen erheblichen Vorteil im Kampf gegen den Klimawandel. Entwicklungsländer könnten dabei ins Hintertreffen geraten, wenn sie nicht die gleichen Möglichkeiten zur Nutzung dieser Technologien haben. Es ist daher entscheidend, dass die internationale Gemeinschaft zusammenarbeitet, um den Zugang zu umweltfreundlicher KI global gerechter zu gestalten.

Fazit: Eine duale Herausforderung

KI bietet enorme Chancen, um den Klimawandel effektiv zu bekämpfen und die Welt nachhaltiger zu gestalten. Von der Optimierung industrieller Prozesse über die Förderung erneuerbarer Energien bis hin zur Verbesserung der landwirtschaftlichen Effizienz – KI kann in vielen Bereichen einen wertvollen Beitrag leisten. Doch gleichzeitig muss sich die Gesellschaft den Herausforderungen stellen, die mit dem ökologischen Fußabdruck der KI und den ethischen Fragen im Zusammenhang mit ihrem Einsatz einhergehen.

Es liegt in unserer Verantwortung, den **Einsatz von KI so zu gestalten**, dass sie langfristig den Planeten schützt, ohne zusätzliche Umweltbelastungen zu verursachen. Die Balance zwischen technologischem Fortschritt und Nachhaltigkeit zu finden, wird eine der größten Herausforderungen der kommenden Jahrzehnte sein – und die richtige Nutzung von KI könnte der Schlüssel zur Bewältigung dieser Herausforderung sein.

19. Die Utopie der „KI Raumfahrt"

Übertragung des menschlichen Geistes auf künstliche Intelligenz

Die Vorstellung von Raumreisen hat die Menschheit seit Jahrhunderten fasziniert. Seit den ersten Schritten auf dem Mond träumen wir davon, ferne Planeten zu erreichen und die Grenzen unseres Sonnensystems zu überwinden. Doch trotz technologischer Fortschritte bleibt interstellare Raumfahrt für den Menschen eine gewaltige Herausforderung, die durch physikalische Grenzen wie die Lichtgeschwindigkeit und die Fragilität des menschlichen Körpers bestimmt wird. Eine radikale neue Vision könnte jedoch diesen Traum in greifbare Nähe rücken: die Übertragung des menschlichen Geistes auf künstliche Intelligenz. Diese Idee, die wie Science-Fiction anmutet, könnte die Barrieren menschlicher Raumfahrt überwinden und uns ermöglichen, das Universum auf eine Art und Weise zu erkunden, die bisher undenkbar war.

Die Grundlage dieser Vision liegt in der Annahme, dass das menschliche Bewusstsein – unsere Gedanken, Erinnerungen, Empfindungen und Identitäten – nicht untrennbar an den biologischen Körper gebunden sein muss. Fortschritte in der Neurowissenschaft und der Künstlichen Intelligenz eröffnen bereits heute Möglichkeiten, das menschliche Gehirn besser zu verstehen und zu simulieren. Der Gedanke, dass wir unser Bewusstsein digitalisieren und auf eine künstliche Plattform übertragen könnten, mag zwar revolutionär erscheinen, doch er wird immer mehr zu einem Thema intensiver Forschung.

Einer der führenden Ansätze in diesem Bereich ist die sogenannte „Whole Brain Emulation", ein Konzept, bei dem das gesamte neuronale Netzwerk des menschlichen Gehirns digital erfasst und simuliert wird. Diese Methode würde es ermöglichen, das Bewusstsein eines Menschen von einem biologischen Träger auf eine künstliche Intelligenz zu übertragen. Dieser digitale „Klon" des menschlichen Geistes könnte dann in eine künstliche Plattform integriert werden, die ungleich robuster und widerstandsfähiger ist als der menschliche Körper. Dies würde nicht nur eine potenziell unbegrenzte Lebensdauer für das Bewusstsein bedeuten, sondern auch die Möglichkeit, extreme Umgebungen wie das Vakuum des Weltraums ohne die üblichen biologischen Einschränkungen zu erkunden.

Der Traum von interstellaren Reisen wird durch die unvorstellbar großen Entfernungen im All behindert. Selbst mit den schnellsten verfügbaren Technologien würde eine Reise zum nächsten Sternsystem viele Jahrtausende dauern – ein Zeitraum, den kein Mensch biologisch überstehen könnte. Doch durch die Übertragung des menschlichen Geistes auf eine künstliche Plattform würde diese Begrenzung verschwinden. Eine KI-basierte Version des menschlichen Bewusstseins könnte ohne die Notwendigkeit von Schlaf, Nahrung oder Schutz vor Strahlung auf unbestimmte Zeit reisen, bis sie ihr Ziel erreicht.

Diese technologischen Fortschritte werfen jedoch tiefgreifende ethische und philosophische Fragen auf. Was bedeutet es, Mensch zu sein, wenn das Bewusstsein von seinem biologischen Träger getrennt werden kann? Ist ein digitalisiertes Bewusstsein immer noch der Mensch, der es einst war? Diese Fragen stehen im Mittelpunkt der Diskussion über die Grenzen von Menschlichkeit und Technologie. Kritiker argumentieren, dass der Mensch nicht auf bloße Information reduziert werden kann – dass unser Körper und unsere physischen Erfahrungen untrennbar mit unserem Selbstverständnis verbunden sind. Befürworter hingegen sehen in der Übertragung des Bewusstseins auf künstliche Intelligenz eine Möglichkeit, den menschlichen Geist zu erweitern und zu bewahren.

Abgesehen von diesen philosophischen Debatten könnten die praktischen Anwendungen dieser Technologie tiefgreifende Auswirkungen auf die Raumfahrt haben. Stellen Sie sich eine Zukunft vor, in der der menschliche Geist durch den Kosmos reisen kann, während der physische Körper auf der Erde bleibt. Eine Raumsonde, die mit einer digitalen Kopie des menschlichen Geistes ausgestattet ist, könnte ferne Planeten erkunden und Informationen in Echtzeit an die Erde übertragen, während sie gleichzeitig in der Lage wäre, komplexe Entscheidungen zu treffen und sich an unerwartete Bedingungen anzupassen – all das ohne die Begrenzungen biologischer Bedürfnisse. Ein solcher Geist könnte auf unterschiedlichen Plattformen existieren, sich in verschiedenen Maschinen manifestieren und sogar neue Umgebungen „fühlen", indem er sensorische Daten von Robotern interpretiert.

Eine weitere faszinierende Möglichkeit wäre die Schaffung einer Art „Raumfahrtskollektiv", bei dem mehrere digitalisierte Bewusstseine parallel existieren und zusammenarbeiten könnten. Diese Einheit von „Menschen" in Form von künstlicher Intelligenz könnte kollektive Entscheidungen treffen, sich über große Entfernungen synchronisieren und gemeinsam Lösungen für die Herausforderungen der Raumfahrt entwickeln. Die Möglichkeit, den menschlichen Geist auf diese Weise zu vervielfältigen und zu verteilen, würde den Fortschritt in der Erkundung des Weltraums erheblich beschleunigen.

Darüber hinaus könnten solche digitalen Entitäten die „Zeit" anders erleben. Ein Bewusstsein, das nicht durch die Begrenzungen biologischer Prozesse gebunden ist, könnte schneller arbeiten, Informationen viel effizienter verarbeiten und jahrtausendelange Reisen als eine Abfolge von Momenten erleben, die für den menschlichen Verstand im Bruchteil der Zeit ablaufen. Dies würde nicht nur die Interstellarreisen an sich beschleunigen, sondern auch die Entscheidungsprozesse während der Missionen revolutionieren.

Die Vorstellung, den menschlichen Geist auf künstliche Intelligenz zu übertragen und damit die physikalischen und biologischen Grenzen der Raumfahrt zu überwinden, ist eine der kühnsten und aufregendsten Utopien, die uns die Zukunft der Technologie bieten könnte. Natürlich sind wir noch weit von der Umsetzung dieser Idee entfernt, und es bleibt viel zu erforschen – sowohl auf technischer als auch auf ethischer Ebene. Doch die Fortschritte, die in der Neurowissenschaft und in der künstlichen Intelligenz gemacht werden, legen den Grundstein für eine Zukunft, in der der Mensch nicht länger an die Erde gebunden ist, sondern als digitalisiertes Bewusstsein die Sterne erreicht.

Diese Vision einer neuen Ära der Raumfahrt, in der die Grenzen von Körper und Geist durch Technologie erweitert werden, könnte den Menschen zu einer wirklich interstellaren Spezies machen. Raumreisen, wie wir sie heute verstehen, würden damit ihre bisher unvorstellbaren Distanzen und Hindernisse verlieren – und der menschliche Geist wäre nicht länger an die physische Welt gebunden, sondern könnte die unendlichen Weiten des Universums mit nie gekannter Freiheit durchstreifen.

20. Praktische Lösungen für konkrete Herausforderungen

Die rasante Entwicklung künstlicher Intelligenz stellt Unternehmen vor eine Vielzahl von Herausforderungen, die strategisches Denken und proaktives Handeln erfordern. Technologie allein ist jedoch nicht die Lösung. Nur durch eine gezielte und durchdachte Integration dieser Technologien in bestehende Strukturen können Unternehmen langfristig erfolgreich bleiben. Dieses Kapitel bietet praktische Ansätze und Checklisten, um Unternehmen bei der effektiven Nutzung der neuen Möglichkeiten zu unterstützen und gleichzeitig ihre Belegschaft auf den bevorstehenden Wandel vorzubereiten.

Der erste Schritt, den Unternehmen machen müssen, ist die Entwicklung einer klaren Strategie für den Einsatz neuer Technologien. Es reicht nicht aus, auf den technologischen Zug aufzuspringen, nur weil es die Konkurrenz tut. Jede Technologie, die in ein Unternehmen eingeführt wird, muss einen spezifischen Nutzen haben, der zur übergeordneten Unternehmensstrategie passt. Führungskräfte sollten sich zunächst die Frage stellen, welche Herausforderungen durch den Einsatz künstlicher Intelligenz gelöst werden können. Dabei kann es um die Effizienzsteigerung in Produktionsprozessen, die Verbesserung der Kundeninteraktion oder die Optimierung interner Abläufe gehen.

Eine Checkliste für die Entwicklung einer solchen Strategie könnte wie folgt aussehen:

- **Identifizieren der relevanten Technologien**: Welche technologischen Innovationen passen zum Geschäftsmodell des Unternehmens? Sind es intelligente Systeme für die

Datenanalyse, automatisierte Prozesse oder vielleicht neue Formen der Kundenkommunikation?

- **Bestimmen der Kernziele**: Was soll durch die Einführung dieser Technologien erreicht werden? Geht es um Kostensenkung, Effizienzsteigerung, Umsatzwachstum oder die Erschließung neuer Märkte?

- **Bewertung der vorhandenen Infrastruktur**: Ist das Unternehmen technologisch und organisatorisch bereit, neue Systeme zu integrieren, oder müssen zunächst Investitionen in Infrastruktur und Schulungen getätigt werden?

- **Ressourcenallokation**: Welche finanziellen, personellen und zeitlichen Ressourcen sind für die Umsetzung notwendig? Gibt es bereits Abteilungen oder Teams, die sich mit der Einführung der neuen Technologien beschäftigen, oder müssen externe Partner hinzugezogen werden?

Messbarkeit und Kontrolle: Welche Kennzahlen und Messmethoden werden eingesetzt, um den Erfolg der Integration zu überwachen? Wie lässt sich sicherstellen, dass die neuen Technologien den gewünschten Nutzen bringen?

Eine besondere Herausforderung stellt die Weiterbildung der Mitarbeiter dar. Der Begriff „Reskilling" beschreibt die Umschulung von Mitarbeitern, die durch technologische Entwicklungen möglicherweise ihre bisherigen Aufgaben verlieren, hin zu neuen Fähigkeiten, die in der digitalisierten Arbeitswelt benötigt werden. Gleichzeitig ist „Upskilling" – also das Erweitern der vorhandenen Fähigkeiten – entscheidend, um sicherzustellen, dass die Belegschaft weiterhin relevant bleibt. Unternehmen, die ihre Mitarbeiter nicht kontinuierlich weiterbilden, riskieren, dass sie den Anschluss verlieren, während die Technologien immer weiter voranschreiten.

Ein effektiver Ansatz, um Reskilling und Upskilling zu fördern, besteht darin, eine Kultur des lebenslangen Lernens zu schaffen. Führungskräfte müssen das Bewusstsein dafür schärfen, dass der Erwerb neuer Fähigkeiten kein einmaliges Ereignis ist, sondern ein fortlaufender Prozess. Dies kann durch gezielte Weiterbildungsprogramme, Kooperationen mit Bildungsinstituten oder interne Schulungsangebote erfolgen. Es ist wichtig, dass Mitarbeiter nicht nur die technischen Fähigkeiten erlernen, um mit den neuen Systemen arbeiten zu können, sondern auch Kompetenzen wie kritisches Denken und Problemlösung, die ihnen helfen, flexibel auf Veränderungen zu reagieren.

Eine Checkliste für Unternehmen zur Umsetzung von Reskilling- und Upskilling-Maßnahmen könnte folgende Punkte umfassen:

- **Bedarfsanalyse**: Welche neuen Fähigkeiten werden in den kommenden Jahren im Unternehmen benötigt? Gibt es bereits absehbare Veränderungen, die auf spezifische Bereiche oder Abteilungen zukommen?

- **Erstellung eines Weiterbildungsplans**: Welche Mitarbeiter benötigen Umschulungen, und welche Fähigkeiten müssen durch Fortbildungen erweitert werden? Gibt es spezifische Rollen, die neu geschaffen oder verändert werden müssen?

- **Partnerschaften mit Bildungseinrichtungen**: Wie können externe Partner in den Weiterbildungsprozess eingebunden werden? Gibt es Möglichkeiten zur Zusammenarbeit mit Universitäten, Fachschulen oder spezialisierten

Weiterbildungsanbietern?

- **Anreize schaffen**: Wie können Mitarbeiter motiviert werden, sich aktiv an Weiterbildungsprogrammen zu beteiligen? Gibt es Anreize wie finanzielle Boni, Karrierechancen oder flexible Arbeitszeiten, die das Engagement fördern?

Neben der Ausbildung der Belegschaft müssen Unternehmen sicherstellen, dass sie die technologischen Entwicklungen proaktiv nutzen, um wettbewerbsfähig zu bleiben. Dies bedeutet, sich kontinuierlich über neue Trends zu informieren und diese frühzeitig zu adaptieren, anstatt auf etablierte Lösungen zu warten. Der technologische Fortschritt geschieht in immer kürzeren Zyklen, und Unternehmen, die nicht flexibel genug sind, verpassen möglicherweise entscheidende Marktchancen.

Ein weiterer Schlüssel zur proaktiven Nutzung von Technologie ist die Etablierung von Innovationskulturen innerhalb des Unternehmens. Führungskräfte sollten nicht nur die neuen Technologien einführen, sondern auch eine Umgebung schaffen, in der Mitarbeiter ermutigt werden, kreativ zu denken und neue Ideen einzubringen. Teams, die sich regelmäßig mit den neuesten technologischen Entwicklungen beschäftigen und an der Entwicklung eigener Innovationen arbeiten, werden auf lange Sicht einen Wettbewerbsvorteil haben. Dabei darf jedoch nicht vergessen werden, dass technologische Innovation immer in Verbindung mit den menschlichen Fähigkeiten und der Unternehmenskultur steht. Technologie allein führt nicht zum Erfolg – sie muss von Menschen getragen und genutzt werden, die bereit sind, sich ständig weiterzuentwickeln.

Zusammengefasst zeigt sich, dass die langfristige Wettbewerbsfähigkeit von Unternehmen nicht nur vom technologischen Fortschritt abhängt, sondern vor allem von der Fähigkeit, diesen Wandel sinnvoll zu gestalten. Unternehmen, die es schaffen, die technologischen Entwicklungen strategisch zu nutzen und gleichzeitig ihre Belegschaft auf die neuen Anforderungen vorzubereiten, werden in einer Welt, die zunehmend von künstlicher Intelligenz geprägt ist, erfolgreich bestehen.

21. Schlusswort: KI – Die Revolution gestalten, nicht nur erleben

Die Revolution der Künstlichen Intelligenz hat begonnen, und es liegt nicht in unserer Macht, sie zu stoppen. Die Frage ist also nicht, ob wir uns dieser Technologie anpassen müssen, sondern wie wir diesen Wandel für uns gestalten können. Dieses Buch entstand aus der Überzeugung, dass wir uns nicht einfach treiben lassen dürfen, sondern aktiv die Zukunft mitgestalten müssen – als Führungskräfte, als Belegschaft und als Menschen.

Während meiner beruflichen Laufbahn – von den frühen Tagen im Chaos Computer Club bis hin zu meiner Verwirrung über die Xbox Live – habe ich eines immer wieder gelernt: Technologie entwickelt sich schneller, als wir es erwarten. Das heißt nicht, dass wir sie unterschätzen sollten, sondern dass wir uns auf das Wesentliche konzentrieren müssen: den Menschen, der hinter dieser Technologie steht. **KI ist nicht die Lösung für alle Probleme**, aber sie bietet uns eine nie dagewesene Chance, unsere Welt zum Besseren zu gestalten.

Doch wie oft sind wir bereit, die Verantwortung für diese neuen Möglichkeiten zu übernehmen? Wer entscheidet, wie wir KI nutzen? Und was bedeutet es für unsere Gesellschaft, wenn Maschinen uns in vielen Bereichen überholen? Diese Fragen sind keine hypothetischen

Szenarien mehr, sondern ganz konkrete Herausforderungen, denen wir uns heute stellen müssen.

Vielleicht fühlst du dich manchmal, als würde die Welt der KI dich überrollen. Vielleicht fragst du dich auch, wie viel davon du tatsächlich in deinem Alltag umsetzen kannst. Doch genau hier liegt der Kern: **Es ist nicht die Technologie, die entscheidet, wie unsere Zukunft aussieht – es sind wir.**

Es geht nicht nur darum, Prozesse effizienter zu machen oder Entscheidungen zu automatisieren. Es geht darum, die Menschlichkeit in einer technologisch geprägten Welt zu bewahren. Die emotionalen und ethischen Entscheidungen, die wir heute treffen, werden unsere Zukunft bestimmen. KI mag ein mächtiges Werkzeug sein, aber am Ende bleibt der Mensch der Architekt seiner eigenen Welt.

Vielen Dank, dass du diesen Weg gemeinsam mit mir gegangen bist. Die Herausforderungen mögen groß sein, aber die Chancen sind es auch. Ich hoffe, dieses Buch hat dir nicht nur einen Einblick in die Welt der KI gegeben, sondern dich auch inspiriert, deinen eigenen Beitrag zu dieser Revolution zu leisten. Denn eines ist klar: **Die Zukunft wird nicht von Maschinen geschrieben – sie wird von den Menschen gestaltet, die den Mut haben, Verantwortung zu übernehmen.**

Disclaimer

In diesem Buch setzen wir auf die fortschrittlichen Technologien der Künstlichen Intelligenz, wie beispielsweise ChatGPT, um Ihnen fundierte und aktuelle Informationen zu bieten. Die Integration von KI ermöglicht es uns, Geschäftsprozesse zu optimieren und effiziente, moderne Lösungen darzustellen. KI ist ein nahezu unausweichliches Werkzeug in der heutigen technologisch fortschrittlichen Welt und bietet erhebliche Vorteile in der Analyse und Entscheidungs-findung.

Wir möchten jedoch darauf hinweisen, dass trotz der Unterstützung durch KI-Technologien die menschliche Aufsicht und kritische Überprüfung stets erforderlich sind, um die besten Ergebnisse zu erzielen. Die Inhalte dieses Buches basieren auf den aktuellen Daten und technologischen Entwicklungen, dennoch liegt es in der Verantwortung des Lesers, diese Informationen im Kontext der individuellen Unternehmenssituation zu bewerten und anzuwenden.

KI ist bereits heute ein wesentlicher Bestandteil unserer methodischen Herangehensweise, und wir erkennen die Notwendigkeit an, diese Technologien verantwortungsvoll und mit Bedacht zu nutzen.

"Erfolg besteht darin, dass man genau die Fähigkeiten hat, die im Moment gefragt sind."

Henry Ford

www.ingramcontent.com/pod-product-compliance
Lightning Source LLC
LaVergne TN
LVHW051703050326
832903LV00032B/3978